私の履歴書

凡事を極める

大和ハウス工業代表取締役会長兼CEO

樋口武男

日本経済新聞出版社

はじめに

「樋口君、2005年の創業50周年に売上高1兆5000億円、やってくれるやろな」。48年目を迎える2003（平成15）年、石川県羽咋《はくい》市の山荘で療養中の大和ハウス工業創業者、石橋信夫オーナーが言った。私が「やります」と即答すると、「そしたらな、100周年で10兆円の企業グループができるようにしてくれよ」と畳み掛けられた。その年にはオーナーは134歳、私は117歳で、間違いなく2人とも天に召されているがお構いなし。夜通し熱く夢を語り合った。

大和ハウス工業は石橋オーナーが一代で築いた会社だ。「建築の工業化」を目指して鉄パイプによる建築物「パイプハウス」を考案すると、1955（昭和30）年4月に大阪市西区の事務所で大和ハウス工業を興した。1959年に開発した「ミゼットハウス」はわずか3時間で建つ。大ヒットした。工業化住宅の先駆けで現在のプレハブ住宅の原点である。

私が大和ハウス工業に入ったのは1963年の夏。週刊誌に「モーレツ企業、大和ハウス」という記事が載ったのを読み、中小の鉄鋼商社を辞めて途中入社した。まだ「鉄は国家なり」の時代。周囲は給料が良くて業績も安定している勤め先を去ることに反対だったが、私は「モーレツ」の4文字に魅了された。

大学生の時、母親が質屋に入るのを見て、「必ず事業家になり、親孝行をする」と志を立てた。鍛えてもらうために〝石橋道場〟の門をたたいた。自ら選んだとはいえ、修業は峻烈《しゅんれつ》を極めた。赤字支店の立て直しなど序の口。1993年には売上高の2倍の有利子負債を抱えて債務超過寸前だった赤字の関係会社、大和団地の社長に送り込まれた。細かいことを一切言わず、「掃除して黒字にせい」の一言である。上場企業である大和ハウス工業と大和団地を合併させて1兆円企業をつくることが最も高いハードルだった。

「大きい大根を間引きする」とも聞いた。ひ弱な苗から間引く農業とは正反対をいくのが石橋流の人事だ。土壌の栄養分を独り占めする大きな大根を引き抜けば、隣のか細い大根に栄養が回って育ち始める。大きな大根は開墾していないやせた土地に植え替えても、そこに根を張り再び力強く成長を始めるとの理屈だ。

試練ばかりで水や肥料を潤沢に与えられた覚えはないが、つい尋ねた。「荒れ地に耐えかねる大根もありますやろな」。オーナーは「枯れたらそれまでや」。創業者が放つすごみに全身が総毛だった。

幼いころから腰や肺を患い、大和ハウス工業に転じてからも重い胆嚢炎で長期入院した。若いころは業績を上げようと焦り、部下への鉄拳制裁もいとわなかった。総スカンを食らって、何度「鬼」と呼ばれたことだろう。よくぞ途中で枯れなかったものだ。

自ら会社を興して事業家となる夢は果たせなかったが、１９８４年に大和ハウス工業の取締役となって以降、30年近く経営に携わり続けてきた。運が良かったとしか言いようがない。オーナーは「樋口君、運のいい人と付き合ってくれよ。悪い人と付き合えばこちらの運気まで取られる」と言っていた。幸いにして、多くのすばらしい方々の知遇を得ることができた。

私の会社人生は常に我が師、石橋信夫オーナーとともにある。２００３（平成15）年に亡くなられた後もそれは変わらない。10兆円の企業グループを目指し、師とともに歩んだ「同行二人《どうぎょうににん》」の日々をつづってみたい。

凡事を極める 目次

第1章 祖母の教え

第2章 ぬるま湯を飛び出せ

第3章　スパルタ式で凡事徹底

第4章　サナギ経営と即断即決

第5章 大企業病を退治する！

第6章 停滞は後退だ

第7章　夢に向かって

ブックデザイン　内山尚孝（next door design）
本文ＤＴＰ　アーティザンカンパニー

第1章
祖母の教え

うそとごまかしはあかんぞ

阪神電車に乗り大阪・梅田を出て神戸方面に向かう。大阪府と兵庫県の境の左門殿川《さもんどがわ》を越え、最初に着くのが杭瀬《くいせ》駅。この尼崎市杭瀬という庶民的な下町が私の故郷だ。1938（昭和13）年4月29日、毎日新聞社で印刷技術者の父、樋口富太郎と専業主婦の母、カホルの間に生まれた。弟と妹2人の4人兄弟の長男である。

じっとしているのが苦手なのは幼いころからの性癖らしい。1〜2歳のころ、2段ベッドの2段目から転げ落ちたという。「床に頭をぶつける寸前に、とっさにお父さんが足首をつかんで助けたんやで」と母から何度も聞いた。

父は尼崎市の生まれで、恰幅が良く腕は丸太のように太い。無口でとにかくこわかった。運動神経が抜群で野球や卓球が得意。そのおかげで私は命拾いした。町内相撲ではずっと横綱を張っていた。

父方の祖父は大酒飲みで、酒だるを抱えて納屋にこもり、朝まで飲み明かしたという酒豪。ところが父は、豪快な見かけとは裏腹に一滴も酒が飲めない。私も酒はからっきしだ。母は松山市の出身で旧姓を藤原という。典型的な昔の女性でとにかく優しかった。

「武男、武男」とかわいがってくれたのは一緒に暮らしていた父方の祖母、シモである。1878（明治11）年生まれで気骨あふれる明治の女。猫かわいがりなどしない。しつけの厳しさは尋常ではなかった。

4歳のある朝、おねしょをした。布団をくるくると丸めて隠し、そのまま近所へ川遊びに出かけた。近所のお兄ちゃんたちと一緒になって小川を2カ所せき止め、たまった水をかき出して中に残ったザリガニや小魚をとるのだ。

間もなく血相を変えた祖母が追っかけてきた。家に連れ帰り、私を納屋の柱に荒縄でぐるぐる巻きに縛った。朝ご飯も食べずに家を飛び出しているから腹がすく。かわいそうに思った母が、昼過ぎに握り飯を持ってきてくれた。それが祖母にばれた。「甘やかしたらろくな子にならん」と言って追い返してしまった。

あたりは段々暗くなる。人の気配はせず、聞こえるのは納屋の隣で飼っているニワトリ

20羽の鳴き声と羽音だけ。心細いことこの上ない。泣きに泣いて涙も枯れたのを見計らって祖母が現れた。「分かったか、うそとごまかしは絶対にあかんぞ」。こんこんと説教され、ようやく縄をほどいてもらった。

典型的なイタズラ小僧だった。4年生の時、教室の引き戸に黒板消しを挟んでおき、先生が開けると落ちてくるように仕掛けた。相手が悪かった。軍隊帰りの厳しい先生。校庭を駆け足で3周させられ、走り終えると、「水の入ったバケツを頭の上に抱えて廊下に立っていろ」と言われた。内緒でバケツを下ろしたのがばれて、スリッパでほっぺたをたたかれた。スリッパの形をした青あざを見て、祖母が「また悪いことをしたんか」と、お仕置きの追加である。「他人様に迷惑をかけたらあかん」と繰り返し言われた。

ケンカに負けて帰ると竹の棒でたたかれた。こちらが小学生、相手が中学生であっても関係なし。「トミ（富太郎＝父）はケンカで負けたことないで」と言ってもう一度行かされ、私が逃げ出さないよう後ろで仁王立ちしてにらんでいる。再戦では、殴られようがどうされようが相手の腕にかみついて離さない。向こうが泣き出すまでかみ続けた。

泣き声を聞きつけて相手の母親が出てくると、「子供のケンカに親が出るな」と一喝。

4歳ごろの筆者

祖母のシモ（前列左）と両親と弟（後列中央）

「あんたも出てるやないの」と向こうが言うと、「親とちゃう、ばあちゃんや」と言い返した。あんなに気の強い人間には会ったことがない。

祖母の教えは3つある。

1、うそとごまかしは絶対に許さない

2、人に迷惑をかけるな

3、闘ったら必ず勝て

世間に「おばあちゃん子は三文安い」などと言わせぬように、祖母がたたき込んだ3カ条はそのままビジネス訓として今の私を律している。

幼稚園なんてつまらん

1945年4月、尼崎市杭瀬国民学校（現尼崎市立杭瀬小学校）に入学した。幼稚園時代の話が抜けているのは記憶がないからだ。両親は近くの幼稚園に入園させてくれたが、私が「あんなものはつまらん」と言って数日でやめたという。「せっかく入れてやったのに」と母はぼやいた。

小学1年生の6月1日だったと思う。低空飛行で侵入してきた米軍戦闘機P51の機銃掃射を受けた。祖母と家の近くの防空壕《ごう》に飛び込んだ。しばらくすると十数機のB29爆撃機が尼崎市を襲い、大量の焼夷弾《しょういだん》を投下した。油脂と薬剤を封入した六角形の筒をハチの巣状に束ねた集束爆弾だ。空中で散らばり、広範囲に降り注ぐ。焼夷弾が風を切るザーッという大きな音は今でも耳に残っている。

B29が飛び去り、防空壕を出るとあたりは火の海。真っ赤に燃えた玄関側の壁が崩れ落ちてきた。荒縄でくくり付けられた納屋も炎上していた。背後で「ギャー」という悲鳴が上がった。名前は忘れたが裏の家に住んでいた女の子を、爆弾の破片か何かが直撃したのだ。即死だった。

「こっちや」と祖母に手を引かれて裏側の水田に逃げ、さらに川の土手沿いを走った。戦争前にできた塩野義製薬杭瀬工場まで逃げた。直線距離で700メートル程度だが子供の足にはとても遠くに思えた。一息ついて振り返ると、家のあったあたりを含めた尼崎市一帯が火の海だった。「尼崎市史」によるとこの日は248人が亡くなり、尼崎市で最大の犠牲者が出た日だという。

焼け出された私たちは杭瀬小学校近くの借家に移り住んだ。木造の小学校で床下に潜っては探偵ごっこをした。服は泥だらけになったが楽しかった。缶蹴りもよくやった。運動は大の得意で体育の成績はいつも5。陸上、相撲、野球と何でもこい。小学生のころは体が大きかったので相撲は強かった。足も速く、運動会のリレーはアンカーで走った。前を行くよそのクラスの生徒を抜くのが気持ちよかった。両親が喜んでくれた。野球はピッチャーで4番。毎日、小学校のプールの壁に向かってボールを投げ続けた。本気でプロ野球に入ってタイガースの選手になるつもりだった。

算数も5だった。すっぱり割り切れるところが性に合う。ソロバン塾は好きで通っていた。準2級まで上達した時、右肺のリンパ節を患った。もっと小さい時に左肺も同じ病気にかかっている。ソロバン塾に通うのは夕方か夜。「寒さは肺に悪い。やめさせろ」と祖母が言った。私は続けたかった。父が取りなすと、祖母が「トミ（富太郎＝父）は黙っとれ！」。一瞬で決着した。

祖母の具合が悪くなったのは私が中学1年生の時だ。私が肺の病気を診察してもらっていた関係で、祖母を大阪大学医学部の名誉教授にみてもらった。「残念だが症状が進んでいて手の打ちようがない」と告げられると、祖母は「このヤブ」と怒った。重い病気を抱えていても威勢のいい祖母だったが、72歳で亡くなる少し前から床に伏せった。

ある日、私と弟を呼んで「わしはあと3日で死ぬ」と告げた。「そんな気弱なこと言うな」と私は言ったが、本当に3日後の夜、「フーッ」と大きな息をはいて亡くなった。火葬場で骨揚げをしたら骨がぼろぼろに崩れてつかめないほど。病気で苦しんだと思うが、痛さをおくびにも出さなかった。本当に気丈な人だった。

小学4、5年生で担任だった英《はなふさ》(現有田)つゆ子先生は公平公正でえこひいきをせず、男子からも女子からも人気があった。私は音楽が嫌いでサボってばかり。歌なんか歌ったことはない。それでもみんなと同じように接してもらえるのがうれしかった。

もう97歳というご高齢だが、小学校の同窓会にお招きすると今も大阪市内の自宅から出かけてきてくださる。10年ほど前、先生とクラスのみんなで北陸に旅行し、宿でカニを食べた。食事の後、カラオケルームに行った。私が演歌を選曲してマイクを握ると先生が驚

小学５年生の遠足。奥右端が英先生、前列左端が筆者

いて言った。「樋口君、あんた歌えるの」

「鬼」の思春期

1951年4月、尼崎市立小田南中学校に進んだ。部には入っていなかったが、相変わらず運動漬けの日々。中1で100メートルを12秒3で走れた。尼崎市の市民スポーツ祭では陸上部からリレーの助っ人に駆り出され、アンカーを務めた。体格が良かったので砲丸投げにも出場した。予選で準優勝。欲が出て練習し、決勝戦でも投げて優勝した。

調子に乗ったのがまずかった。まだ骨が十分に発育していないのに強引な練習をしたせいで骨膜炎にかかり、入院してしまった。さらに退院時に腰がグキッと変な音を立て、動けなくなった。大阪・中之島にあった大阪大学医学部付属病院に転院すると、脊髄《せきずい》に注射針で造影剤を入れられた。台にくくり付けられ、ぐるぐる回りながらX線写真を撮った。病名は椎間板《ついかんばん》破裂だった。

これは長引いた。どこの病院に行っても改善しない。大和団地の社長時代からは腰の調子が悪くなると10日に1度くらいのペースで、鍼灸院《しんきゅう》に通って痛みが治まるのを待つ。いったんは治まっても、またぶり返す。腰のあたりは何度も鍼を刺したために黒く変色してしまった。今から7年ほど前に東洋医学の名医と出会って劇的に改善するのだが、50年以上も頑固な腰痛と付き合わねばならなかった。

腰に爆弾を抱えたまま1954年4月、兵庫県立尼崎高等学校に進学した。家には内緒で柔道部に入ったが、すぐばれてやめさせられた。退部後も部室には入り浸っていた。高校時代に北海道や九州を旅行した時も柔道部の友人たちが一緒だ。

入学直後はまじめに勉強したが、高2で成績は下降曲線を描き始めた。ガールフレンドのことを考えると勉強が手に付かなくなったのだ。相手は杭瀬小学校に転入してきた女の子で、1年ぐらいしてまた別の学校に移っていった。活発で運動神経が良かったから気が合い、中学時代も高校時代も文通を続けていた。

時々、私が彼女の家に遊びに行き、彼女がうちに遊びに来ることもあった。友人は「あの子と結婚するんやろ」と冷やかした。後に「鬼」と恐れられる私にも、多感な思春期はあったのだ。大学1年で音信が途絶えた。30歳を過ぎたころ、大阪の阪急百貨店でばったり出くわした。「久しぶりやな、結婚したんやろ」と私。「してへんよ」と彼女。それが最後だ。

若者特有の正義感から「検事になって悪いやつを捕まえてやろう」と考え、大学受験で国立大学の法学部を志願したが果たせず、1957年4月に関西学院大学法学部に進んだ。どうしても格闘技がやりたい。懲りもせず、今度は内緒で空手部に入部した。練習で何回も正拳突きをやるから拳の形が変わる。気付いた弟が両親に告げて、またばれた。

駅に向かう私を追いかけてきた弟が、「おやじやおふくろに心配をかけるなよ」と言って退部届を押しつけた。あきらめて部長に過去の病気の診断書も添えて退部を申し出た。先輩たちから平手打ちを何発も食らった。口の中が切れて血だらけになった。

次は「英語を勉強する」と言って大阪・土佐堀のＹＭＣＡに通った。これは表向きで、本当は併設の体育館でボクシングを習い、ボディービルディングもやっていた。

私は２０１０（平成22）年秋から英語の個人レッスンを受けている。社員に「事業を世界展開するために英語を勉強しろ」と発破をかけた以上、自分もやらねばならない。あの

大学１年時、兵庫県西宮市の関西学院大学キャンパスで

時、ＹＭＣＡでちゃんと英語を勉強さえしていれば「七十の手習い」をしなくても済んだはず。後悔先に立たず、である。

いつか事業家になってやる

奈良時代、我が故郷の杭瀬はまだ海だった。神崎川が運ぶ堆積物で徐々に砂州が拡大した。先人たちはその軟弱な地盤を固めるために、木の株やクイを何本も打ち込んだことだろう。株は「くいぜ」とも読む。これが地名の由来だという説がある。平安時代の文献には、「杭瀬庄」という名前の荘園が登場する。人が住み始めたのだ。

農村だった杭瀬が近代化したきっかけは、巨大な紡績工場の進出だ。１９１３（大正２）年に大阪合同紡績（現東洋紡）神崎支店、１９１７年には尼崎紡績（現ユニチカ）杭瀬工場ができた。すでに阪神電車（阪神電気鉄道）が１９０５年に開業済みで、１９２７年には国道２号を走る路面電車で、国道電車と呼ばれた阪神国道電軌も加わった。沿線には住宅地ができ、杭瀬は新興商業地区としてにぎわった。

１９４５年6月の空襲で商店は壊滅的な打撃を受け、戦後は多くのヤミ市ができた。ヤミ市の繁栄に刺激された杭瀬の商店主らは廃虚の中から雄々しく立ち上がり、市場の再建を決意。１９４６年6月には、戦前より規模を拡大した新しい杭瀬市場を開業している。杭瀬の食べ物で真っ先に思い出すのは新鮮な魚のすり身を揚げた尼米《あまよね》商店の天ぷらだ。うまかった。今は４代目が店と80年以上の歴史を受け継いでいる。

食べ盛りの子供４人を抱えた母は食料の調達に追われた。隣町には「三和市場」と「新三和商店街」「三和本通り」があった。「三和に行ったら何でもそろう」と言われたほどで、統制経済下で入手困難なはずの鮮魚まで買えた。遠く京都からも買いに来たという。私もよく母の荷物持ちで行った。食材を両手にどっさり抱え、満員の国道電車で帰途につくのが常だった。

往時は尼崎市内中心部をしのぐ繁栄をみせた杭瀬だったが、最近はご多分にもれずシャッターを下ろしたままの店が増えている。6～7年前に地元の関係者から「商店街の再開発ができないか」という打診を受けた。だが、店は閉めても住み続けている方がたくさん

母と食べ盛りの兄弟4人
（後列中央が筆者）

いる。「まだ手は付けられませんね」と言うと話は立ち消えになった。

杭瀬の暮らしで印象的だった出来事の一つがジェーン台風だ。1950年9月に阪神地方を襲った。3・6メートルの高潮が押し寄せて神崎川の堤防が決壊し、尼崎市の当時の人口28万人のうち24万人余が被災した。杭瀬駅のあたりは1〜1・5メートル冠水した。私の家は少し高い場所にあり浸水は免れた。当時は小学6年生。坂を下り、ひざまで水につかりながら町中を探検した。どこかの池から逃げ出したコイが泳ぎ回っていた。

父も祖母もこわかったが、母はいつも優しかった。私が大好きな甘辛く味付けしたおかずを作っては食卓に出してくれた。それなのにある日、口答えをした。「生んでくれと言って生まれてきたわけやない」。何か気に入らないことがあって、罰当たりなことを口にした。関西学院大学法学部に入学して間もなく、私はこのことを深く後悔することになる。母が自分の着物を質入れしている姿を偶然、見てしまったのだ。

一瞬で背筋がピンと伸びた。父は家族のために一生懸命に働いてくれているのに、母は質屋に行かねばならなかった。サラリーマンはいくら頑張ってもこの程度なのか。私は誓いを立てた。サラリーマンではなく、自分で起業していつか必ず事業家になってやる。

20種類以上のバイトをこなす

幼いころから病気続きで両親には心配のかけ通しだった。一刻も早く一人前になって親孝行がしたかった。これ以上、両親に負担をかけるわけにはいかない。自分で大学の学費を稼ぐために、全部で20種類以上のアルバイトをこなした。

デパートでは日用品の売り場に立った。といっても商品説明は女性店員にお任せ。売り場まで人を引っ張ってくるのが私の仕事だ。お中元やお歳暮の配送もやった。体力があったので、運送会社の荷物担ぎでは重宝がられた。大阪・心斎橋にある日動火災海上保険（現東京海上日動火災保険）で書類整理もした。

地元の杭瀬では中学生の家庭教師をしていた。無事、志望高校に合格させることができ、ホッとしたのを覚えている。塾で数学を教えたこともある。鉄工所では建設中の建物の2階や3階に上がり、職人さんが作業の基準となる線を描く「墨付け」の手伝いをした。私にとって建築関連における初体験がこれだ。

アルバイトに忙殺されてはいたが、学生生活はエンジョイした。「ダルマクラブ」という草野球チームをつくり、ユニホームもそろえた。高校野球の強豪である浪華商業高等学校（現浪商高等学校）の野球部出身者もメンバーにいたから結構強かった。

ダンスに凝ったのもこの時期だ。戦争前、兵庫県尼崎市には多くのダンスホールがあり、1927年開業の「尼崎ダンスホール」を皮切りに続々と誕生した。杭瀬には「杭瀬ホール」（1933年にダンスタイガーと改称）があった。

大学時代に時々行っていたのは、大阪・ミナミの「富士」という大きなダンスホールだ。大学の仲間が主催する「ダンパ（ダンスパーティー）」に参加するためだ。最近の「合コン」みたいなもので、男女の出会いの場だった。革靴をピカピカに磨き、清潔な白いシャツを着て軽快なステップでルンバやタンゴを踊った。少なくとも自分ではそう思っていた。

バイト代をためて北海道旅行に行った。お金がないからフェリーの船底にある2等船室で雑魚寝。北海道に着いてアイヌ民族の博物館に立ち寄った後、登別温泉の宿に泊まった。夜中に温泉につかっていたら、仲居さんが入ってきた。大慌てで「すんません、間違えま

草野球チーム「ダルマクラブ」で

した」と言って出ようとしたら「混浴ですよ」と笑われた。向こうは落ち着いたもの。こちらは照れくさいやら恥ずかしいやらで、どうしていいのか分からない。顔が真っ赤になったのは温泉のせいだけではなかった。

大学での成績はあまり自慢できたものではない。卒業単位の数もギリギリだった。卒業論文のテーマは「江戸時代の遊郭と明治時代以降の公娼《こうしょう》制度について」だった。薄幸な人々のことを思いながら、あちらこちらの図書館を回り、文献をさがして執筆した。母校、関西学院大学では1995年から、ユニークな卒業論文をインターネットのホームページ上で紹介している。さて私の卒論は該当するだろうか。

1961年3月、関西学院大学法学部を卒業し、学生時代に別れを告げた。自動車メーカーのホンダ、中小鉄鋼商社の大源、名前を忘れたがもう1社から就職の内定をもらった。将来、会社を興すために経営の全プロセスを学びたかった。大きな会社では全体が見通せないと考え、3社で最も小さい大源にお世話になることにした。

第2章
ぬるま湯を飛び出せ

何でも吸収してやろう

１９６１（昭和36）年4月、中小鉄鋼商社の大源に入社した。大阪の歓楽街、北新地のど真ん中に会社があった。今の地図でいうと、「ＡＮＡクラウンプラザホテル大阪」のすぐ北東にあたる。もう亡くなられたが、創業者の下坂直美社長は温厚な人格者でかわいがっていただいた。入社して初めての正月に大阪府茨木市の自宅に招かれた。成功の証しである豪邸を見て、「必ずひとかどの事業家になり、親孝行をする」と改めて誓った。

下坂さんは高知県の出身で、貿易会社勤めを経て１９３２年に大阪で前身となる大源商会を設立した。前年の１９３１年12月に犬養毅内閣が金輸出再禁止に踏み切った結果、急激な円安が進んだのを見てクギの輸出を思い立つ。タイのバンコクに渡って商談をまとめ、尼崎製釘所（現アマテイ）との取引を開始した。バンコクの建築現場ですぐ使えるように、日本側で大小のクギを組み合わせ、パック包装で輸出して成功した。シンガポール、イン

大源の故・下坂直美社長

ドなど仕向け地の事情に合わせて梱包の仕方を変えたのが当たった。

統制経済下で鉄の商売が難しくなると船を友人と共同購入し、九州でいりこやヒジキ、セメントを仕入れた。いりこが売れ残ると、ある製鉄会社に「不足している食べ物の足しにどうぞ」と言って差し出した。「お礼に」と製鉄会社からもらった線材20トンをクギに加工して、故郷の高知県で売った。おとぎ話の「わらしべ長者」を地でいった。

1948年に合資会社を株式会社に改組し、大源を発足させると電炉用の人造黒鉛電極に注目した。昭和電工製の電極を電炉各社に大量に売って財をなした。商売は相身互いだ。電極を売るだけでなく、電炉で作った鉄製品を仕入れて販売した。その鉄製品の営業が私の仕事だった。

とはいえ、大学を出たばかりで仕事のイロハが分からない。様々な種類の伝票を1枚ずつ、先輩の女性社員に見せて「これは何ですか」「どういう意味があるんですか」と事細かに尋ね、すべて大学ノートに書き留めた。将来の起業に備え、何でも吸収してやろうと考えていた。先輩のセールストークを丸暗記した。

3カ月すると1人で得意先の新規開拓を始めた。飛び込み営業だ。ある会社で「よろし

く お願いします」と頭を下げると、先方の担当者が尋ねた。「川崎製鉄（現ＪＦＥスチール）のＨ形鋼のロール日程はどうなっている」。何の情報も持っていない。冷や汗が幾筋も背中を伝うのが分かった。「すんません。また来ます」と言うのがせいいっぱい。会社に戻って先輩から川鉄の状況を教えてもらい、翌日に同じ会社を訪問した。事前準備の大切さを思い知らされた。

困ったのは得意先の接待だ。下戸なので宴席が務まらないし、マージャンもできない。同期入社の小山将一《まさかず》君に、宴席やマージャンの場では「マサやん、頼むわ」とバトンタッチしていた。持つべきものは友。彼とは現在もたまに会っている。

得意先の新規開拓は難航したが、既存の取引先との商売で業績は良かった。鉄鋼需要は安定し、主力の人造黒鉛電極の販売も順調だった。社内は和気あいあいで、同期の仲間は給料もボーナスも全部横並び。朝9時の始業で私が8時半に出社するとまだ門が閉まっている。経営者の修業をするつもりで入社したのに、これでいいのか。牧歌的社風に違和感が募っていった。

私のわがままをお許しください

「辞めさせてください」と大源の専務に告げた。入社から2年1カ月たった１９６３年5月のことだ。専務は、「そんな大事なことは社長と話した方がいい」と言う。私は日を改めて、下坂直美社長のところに行った。「辞めるな。焦らんとここにおれ」と、下坂さんから1時間半にわたって慰留された。特に指示もしないのに、新規顧客の開拓に飛び出していくところを見られていたのかもしれない。

「そこまで言っていただいて私は幸せな男です。ですが私には事業家になるという夢があります。かわいい子には旅をさせろという言葉があるではないですか。どうか大源から去る私のわがままをお許しください」と生意気な長広舌をふるった。下坂さんは最後に折れた。「分かった。たまには顔を出せよ」と言ってもらった。同年8月に辞めた後も、年に数回は大源に行くようにしていた。

下坂さんは先が読めた。1945年の終戦直後に、大阪府吹田《すいた》市から同茨木市にかけて山間部の土地を16万5000平方メートルも買っていた。まだ竹やぶだらけだったが、中国や朝鮮半島に渡っていた人がいずれ帰国した時に値打ちが出ると考えたからだ。実際には1966年に、その土地の半分弱を、大阪・千里丘陵で開催した日本万国博覧会の用地として売却している。かなり大きなビジネスだったと思う。

事業家としての立身出世を急ぐあまり、ぬるま湯と思えた大源時代の暮らしにもいい点があった。恋人とデートする時間をつくれたことだ。遊園地の宝塚ファミリーランドに出かけ、六甲山に登った。大阪・梅田で買い物をしてから映画館にも行けた。ゆっくりと流れる時間の中で心を通わし、1963年3月1日に結婚した。私は24歳、4カ月だけ姉さん女房の征子《せいこ》は25歳だった。

知り合ったのは大学2年生の時だ。キャンプに行って中耳炎になり、自宅近くにある毛利耳鼻咽喉科診療所にかかった。そこで勤務していた彼女に一目ぼれし、猛アタックして交際を始めた。

妻は旧姓を近藤という。高知県高岡郡四万十町《しまんとちょう》で生まれ育った女性で、8人兄弟の長女。

大阪へ来て頑張っていた。実家にあいさつに行くと親戚が勢ぞろいし、皿鉢《さわち》料理が用意してあった。当然ながら酒盛りは朝まで続く。酒豪が多い高知の宴会は、想像をはるかに超えるものだった。酒が飲めない私は妻の叔父さんの家に避難し、嵐が通り過ぎるのを待った。四万十川ではアユの友釣りを楽しんだ。河原で塩焼きにして食べたらうまかった。天然ウナギは太くてこれまたうまい。本場、高知でカツオのたたきも満喫した。

結婚を喜んだ両親は、結婚式場を予約してくれた。私は、「大学まで出してもらった。あとは自力でやろう」と考えて式場をキャンセルした。三三九度だけで祝言を済ませ、妻には「風呂敷一つ、身一つで来てくれ」と言った。本当にかわいそうなことをした。せめて新婚旅行だけは連れて行ってやろうとボーナスをはたいた。行き先は和歌山県勝浦。楽しかった。何枚も写真を撮った。

新居を構えるための敷金がない。父に借りに行くと、「式場をキャンセルしておいて今さらなんだ」としかられた。何とか貸してもらい家を借りた。後でお金を返しに行ったら、「水くさいことするな」とまたしかられた。

新婚旅行先の紀伊勝浦にて

大和ハウス、歩合制セールスマン募集

勤務時間が短くて給料・ボーナスがよく、業績も安定している。鉄鋼商社の大源を辞めることに周囲はみな反対した。母も弟も「とんでもない」と言う。妻のおなかの中にはすでに子供がいたからなおさらだ。だが、事業家になるという初志を貫徹するには仕事を変えた方がいいのも確かだった。悶々として眠れぬ夜が続いた。

問題は妻である。妊娠中だから、どれだけ厳しい言葉を浴びせられても仕方ないと覚悟していた。妻は言った。「どんなところへでもついて行きます。でも、つらいことになっても泣き言は聞きたくありません」。母は強しと言うが、妻はおなかの中に赤ちゃんを授かった時点ですでに強くなっていた。何があろうと、絶対にこの女性を幸せにしようと改めて決意した。

父は「長い人生、いいことばかりやない。しんどい時もきっとある。自分で決めなかっ

たら働き先を勧めてくれた人を恨むようになる。武男、おまえの人生や。おまえが決めたらええ」と言った。毎日新聞社の印刷畑一筋で通し、転職の経験などないのに、私の背中を押してくれた。杭瀬小学校で3年生の時から付き合いが続く親友の中村恒男君は、最初反対していたが、最後には「悔いのない生き方を選べ」と賛成してくれた。

転職のきっかけは、1963年4月に書店でふと手に取った週刊誌だった。「モーレツ企業、大和ハウス」と見出しが躍っていた。プレハブ住宅の原点である「ミゼットハウス」を1959年に発売した会社だと知った。1962年にはパネル式プレハブ住宅を発売し、その住宅を建てる大規模団地を関係会社の大和団地が大阪府羽曳野《はびきの》市で造成していた。急成長中で社屋は一晩ずっと明かりがついたままだという。オーナー経営者を目指す私を鍛えてくれる修業の場が見つかった。

だが何のつてもない。どうやって入社するかと思案している時、新聞に高さ3センチ、幅7センチほどの小さな求人広告が載っているのを見つけた。「大和ハウス、歩合制セールスマン募集」とある。すぐ電話して面会の約束を取り付けた。

人事課長に会うといきなり、「嫁さんが妊娠中です。歩合制では安心して子供が産めま

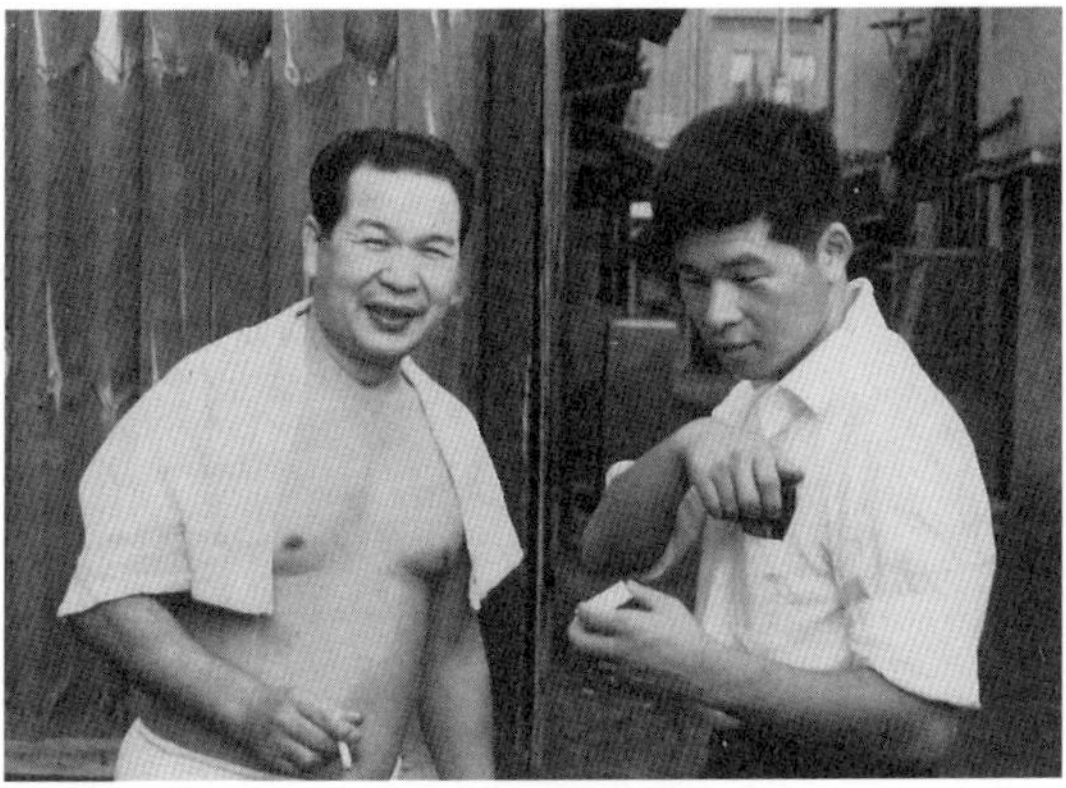

大和ハウス工業への転職を後押ししてくれた父と

せん。何とか正規社員で雇ってもらえませんか」と切り出した。「何を言うてるんですか。募集しているのは歩合制ですよ」と、取り合おうとしない。こちらは身重の妻を抱えている。粘りに粘った。ついに先方が根負けした。持参した経歴書を見て、「鉄を売ってきたのなら、鉄を買う仕事をやってもらえるかもしれない」と言ってくれた。さらに、「東京の資材担当専務が来るから面接を受けてもらいます」という一言を引き出した。

面接では鉄鋼商品の種類から用途、価格まで様々な角度で質問をされたが、数日前まで売っていたのだからすらすら答えられる。大源時代にびっしり書き込んだ大学ノートの蓄積が生きた。

「明日から来られるか」とオーナーの実弟の石橋茂夫専務。「まだ給料も決めてもらってません」と私が言うと、「よし、人事課長を呼ぶから決めてもらえ」である。職歴や年齢、職種をもとに提示された給料は前の会社よりも少ない。「これでは食べていけません」と交渉し、引き上げてもらった。またしても粘り勝ちだ。1963年8月16日、私は大和ハウス工業の一員となった。

第3章 スパルタ式で凡事徹底

4時間眠るのがせいいっぱい

大和ハウス工業での配属先は、本社の資材課だった。堺工場での鉄パイプの在庫管理が初仕事。工場は8時始業で、その前に7時半からラジオ体操がある。当時の住まいは大阪府北部の池田市にあり、30キロ以上南の堺市まで電車を乗り継いで片道2時間かかった。毎日午前5時半には家を出ないと間に合わない。終業は午後5時だが、早く仕事を覚えるために自発的に居残った。担当以外の分野も含めて勉強をしたから、家に着くのは夜中の12時過ぎ。風呂に入って、寝て、出社しての繰り返しで4時間眠るのがせいぜいだった。そんな暮らしを約2年間続けた。

大源時代の勤務時間は規則正しくて、平日朝9時から夕方5時まで。土曜日は半ドンで先輩と一緒に得意先を回った。1回空振りしたらお茶を飲んでその日はおしまい。「所変われば品変わる」と言うが、まさかここまでとは。

入社から約2年後の1965（昭和40）年、本社の購買部に異動した。鉄だけでなく木材、建材、ネジ、クギに至るまでありとあらゆる材料を扱った。メーカー、単価、納期、在庫などの情報を頭にたたき込んだ。この知識をもとに資材購買の原価低減策をまとめると実際に採用され、1967年に石橋信夫オーナーから社長賞として39石の自動巻き腕時計「セイコーマチック」を授与された。裏ぶたに「社長賞　昭和42年度」と刻印してある。今も現役でちゃんと動く。私の宝物だが、オーナーの歩んだ軌跡を展示するために2007（平成19）年4月に開館した石橋信夫記念館に寄贈した。

初めての管理職として資材部課長になったのは、1970年だ。この年の売上高は966億円、従業員は4000人弱で、私の入社時に比べて売上高は約5倍、従業員は約2倍。急成長の真っただ中で購買量も激増していた。決裁すべき書類があまりに多く、ハンコをハンカチで手にくくり付けて押し続けた。

翌1971年に住宅事業部営業部次長になった。実践営業を指導する係だが、経験していないことを教えられるはずがない。部下と一緒に飛び込み営業から始めた。団地で片っ端から呼び鈴を押していく。小さなのぞき窓が開いてはパタンと閉じる。15軒に1軒ぐら

社長賞でいただいた腕時計

いはドアを開けてくれるがチェーンはかかったまま。実際に話ができるのは何十分の1だった。隣が空き地になっている家を見つけると、「奥さん、あの土地はおたくのですか」と尋ね、「違う」と言われれば、「地主さんはどこですか」と重ねて尋ねた。

断られ続け、無視され続けた。心が折れそうになると、「悪い話をしにきたのではない。いい話を持ってきたのに聞く耳を持たず、この人は損をしたな」と自らに言い聞かせた。屈辱感や抵抗感を克服すると、次の家に向かう勇気がわいてくる。1日に100軒を回ったこともある。

コツも分かってきた。住宅の話は後回し。まずお客様自身の話を聞くことから始めるとハードルが下がるのだ。会社に戻ると、先輩や同僚を片っ端からつかまえて色々な書類の目的や提出先を教えてもらった。住宅金融公庫（現住宅金融支援機構）の申し込み方さえ知らず、居残り勉強をするしかなかった。

1974年10月、36歳の時に山口支店長の辞令が出た。実は、その前年に東京支社行きを打診されていた。「東京は水が合わないので行きたくないです。西ならどこでも行きます」と言って断った経緯がある。人事担当専務が言った。「西ならどこでも行く、言うたな」。外堀はとっくに埋まっていた。

一番大切なのは決断やで

「山口支店株式会社の社長に着任した樋口武男です」。1974年10月1日、大和ハウス工業山口支店での第一声だ。七十数人の全支店員に対し、「私がすべての案件について責任を負い即決する。すべての現場に出向く。率先して営業する」と宣言した。

朝礼は午前8時半から。遅刻する者は追い返した。終わるまでずっと立たせたこともある。度重なる場合はビンタもやった。営業目標を大幅に狂わせた管理職、確認や指示がいいかげんな管理職も容赦しない。胸ぐらをつかんで責め立てた。一刻も早く業績を上げようと焦り、肩に力が入った。「鬼」と呼ばれた。

山口に出発する直前に、後に大和ハウス工業と大和団地の会長になられる石橋《しゅんいち》毅一専務と大阪・中之島のロイヤルホテル（現リーガロイヤルホテル）でコーヒーを飲んだ。毅一さんはオーナーのいとこの息子だ。旧制高知高校（現高知大学）卒業後、教職に就いたが、オーナーの招きで1958年に大和ハウス工業入りした。社長在任中に、売上高を2015億円から9261億円に伸ばした。〝剛〟の石橋オーナーに対し、〝柔〟の名経営者と呼ばれた。私が「最初は様子を見てからメスを入れようと思うんです」と話すと、専務は「様子なんか見てたらあかん。最初から思い切りやれ」と言った。まだ36歳で若かった。さじ加減が分からず、その言葉通りにやった。部下の心は離れ、私は孤立した。

赴任して半年が過ぎた1975年4月。四面楚歌《しめんそか》に悩み苦しんでいる時に、社長だった石橋信夫オーナーが視察にやって来た。いきなり「あいさつ回り、行こか」。知事、市長、地元百貨店、宇部興産と次々に案内した。最後に、支店の向かいにある日本電信電話公社（現NTT）山口支部を訪ねた。オーナーは支部長から総務課長・係長まで、誰に対しても同じように名刺を両手で押しいただく。額がひざに触れるほど深々とお辞儀をして「いつも大和ハウスがお世話になっております」と言った。

どの相手ともすでに顔なじみだったから、その場で私が名刺を差し出すことはなかった。もし、それをやっていれば逆鱗《げきりん》に触れただろう。「地元の有力者、要人と親しくなっておけ」とオーナーは普段から繰り返していた。試されていたのだ。

あいさつ回りの途中で瑠璃光寺《るりこうじ》に寄った。１４４２（嘉吉《かきつ》２）年に完成した檜皮葺《ひわだぶき》の五重塔で有名な寺だ。桜がきれいな季節。オーナーと私は五重塔を背景に互いの写真を撮り合った。その後、すっと姿を消したオーナーは両手に名産品「山焼きだんご」とアイスクリームを持って戻ってきた。イスを指して「あそこで食べよか」。ささくれ立った私の心に、さりげない優しさが染み込んだ。

宿泊先は湯田温泉の旅館「山水園」。到着すると「樋口君、晩飯を食べていけ」。食事が済むと「一緒に温泉に入ろう」。万事がオーナーのペースで進んでいく。「一生懸命やっているのにこんな目に遭うとは思わなかった」「全力疾走して後ろを振り向いたら誰もいない」と、私は数々の愚痴をぶちまけた。

湯船につかっていたオーナーが振り返って言った。「長たる者、一番大切なのは決断やで」。オーナーから授かった最初の教えだ。私が発した愚痴に対する直接の答えとはなっていなかったが、その一言が私の心を捉えた。私は自分の発言を恥じた。最も重要な決断を下さず、ささいなことにこだわっていたと気付いた。その日から態度を改めた。夜10時

瑠璃光寺の五重塔前に立つ石橋信夫オーナー
（筆者撮影）

でも11時でも、部下が帰って来るまで支店で待ち、徹底的に話し合って決断した。

支店の空気は変わった。ただし、毎晩遅くなるからマイカーが必要になる。運転免許を取りに行くと、スピード違反で路上テストを２回落ちた。オーナーの薫陶を受けても、せっかちな性格はそのままだった。

「覚悟」と「人脈」を学ぶ

支店に戻って来た部下とのミーティング場所は、湯田温泉中心部にある居酒屋「山海」だ。店に入るのは午後10時過ぎ。４人掛けのテーブルを２つくっつけて、真ん中に私が陣取る。残りの席に部下６、７人が座る。最初に料理と飲み物を注文してから、それぞれの報告を聞き、明日はどういう具合に商談を進めるか20〜30分、作戦を練った。ひと通り話が済めば、「よし、食べよう」となる。

ところが熱が入ってくると声が大きくなり、「分かっとるのか」と私がテーブルを拳でドンとたたく。すると、女将の小奥和枝さんがさっと料理を持ってきてムードを変えた。数年前に久しぶりに会った小奥さんは、「みんなピリピリしてかわいそうだったわ」と言って笑った。

山海は大和ハウス工業のお得意さんでもあった。２００７年に撤去するまでミゼットハウスを倉庫に使っていただいており、小奥さんは大和ハウス工業の会員制リゾートクラブ「ダイワロイヤルメンバーズクラブ」の山口県における最も古い会員でもある。毎年、正月などに利用していただいている。

着任して2年目の１９７５年、山口支店は社員1人あたりの売上高と利益額でトップに立ち、日本一の支店となった。支店評価で最上級の「S」を獲得した。部下の頑張りはもちろんだが、山海の貢献も大きい。本当に感謝している。

現在の新幹線新山口駅（旧小郡《おごおり》駅）近くの山口市小郡三軒屋町にある社宅と山口支店、山海の間を、あずき色をした中古の日産ブルーバードで毎日走った。この3カ所だけならいいが、それ以外だと問題が生じる。実は私は子供のころからとんでもない方向音痴で、すぐ道に迷う。いまだに治らない。

山口支店長時代の筆者

先日、ドライブをして帰宅途中にトイレを借りようと近所のホームセンターに立ち寄った。用を足し、いつもと違う出口から車を出すともう分からない。家のすぐ近くでカーナビをセットしたほどだ。カーナビは実にすばらしい発明だ。ああいう技術がうちの研究所から誕生すればいいのだが。

山口支店時代は木造の一軒家を借りていた。文句なしの環境。住めば都だった。特に魚がうまかった。私は食べ物の中で肉が一番好きだ。家で晩ご飯のおかずに肉がないと機嫌が悪くなる。「幼いころにタイの骨がのどに刺さって、病院に担ぎ込まれて以来、武男は魚が嫌いになった」と母は言っていた。しかし、そんな言葉が信じられないぐらいに、新鮮な魚をたくさん食べた。

石橋信夫オーナーから最初の教えを受けた温泉旅館「山水園」の創業者、中野仁義さんは面白い人だった。地質学者が「こんな所で絶対に出ない」と言う敷地内を掘削して、温泉を掘り当てた。戦前は山口県出身の寺内寿一《ひさいち》元帥と親しくしていた。昔の小郡駅まで車で迎えに行っては連れ帰り、宿に泊めていたという。戦後は岸信介元首相と親交を結んでいた。

愛想のいい方ではなく、相手が訪ねてきても気に入らなければ会わないと聞いていたが行ってみた。茶室で面接を受けた。なぜか合格したようで出入りを許された。地元の色々な有力者、著名人を紹介された。１９７６年に山水園が40周年式典を開催する時、私はすでに福岡支店長だったが、招かれて岸元首相とお会いできた。経営者としての覚悟、多彩な人脈。この２年で私はたくさん学び、事業家に向けて一歩前進した。

凡事徹底

山口支店が軌道に乗ると、福岡支店長の辞令が出た。１９７６年10月、38歳だった。役員一歩手前の一級職にも昇格。福岡支店は業績が芳しくなく、支店長が長続きしない。会社の意図は明白。「赤字の福岡支店を立て直せ」である。若い支店長のお手並み拝見という冷ややかな視線が背中に突き刺さった。

着任１カ月後、九州地区のブロック会議で私は、「支店が良くなるも悪くなるも、長の一念で決まる」と言った。同席していた社長の石橋信夫オーナーがバンと机をたたいた。「その通りや。今度の支店長を殺すようなことをしたら、わしが承知せんぞ」。会議室に大声が響きわたった。私への援護射撃だった。

沈滞ムードの事務所を歩き回った。電話の応対が気にくわない。ベルが何度も鳴ってからようやく受話器を取り、しかもたらい回しする。そこで、明朗活発な女性社員3人を選び、社外からの電話を集中的に受けるように改めた。

ベルが鳴ると1度で取り、「はい、大和ハウス工業福岡支店でございます」と元気よく答え、すぐ担当者につなぐ。不在なら代理の者が必ず用件を聞き、「私でよろしければ用件を承ります」と言う。これだけで「気持ちがいい」「元気が出る」と社外の評判がぐっと上がった。私はこれを「凡事徹底」と呼ぶ。こうした普段の積み重ねが信用につながる。

コスト管理が不十分だから赤字になる。実行予算書を徹底的に読み込んだ。本社で資材の購買を経験していたから勘が働く。単価が高い。資材課長を呼びつけた。「こんな予算が通るか」と怒鳴り、厚さ1・5センチの予算書の束を破って投げつけた。

「基礎杭《くい》の値段を下げてもらえ」と命じると、「もう限界です」と逃げ腰。「おまえの意

福岡で受注したテニスクラブの完成式典
（中央が筆者）

見は聞いとらん。先方の社長と会ってこい」と交渉に行かせた。帰ってくると、「今回限りの条件で下げてもらいました」と言う。「何が今回限りや。自分の概念で結論を出すな」とまた説教だ。

無駄な設計を見つけ、設計課長たち4人を絞り上げた。弁解するので「辞めてしまえ」。頭にきた年長の課長たちは「辞めてやる」と応じた。後で話し合い、互いに納得できたので不問に付した。

士気が上がらないのは赤字支店でボーナスが少ないからだ。ならば黒字にすればいい。九州金融経済懇談会という会合で知り合ったヤンマー農機（現ヤンマー）の楠瀬譲さんに、大和ハウス工業で分譲中の「岡山ネオポリス」を買うように勧めた。岡山県赤磐《あかいわ》市にある約8700区画、約500万平方メートルの巨大な住宅団地だ。

「あんたはもう買ったのか」と聞かれ、「まだです」と答えた。「それはないやろう」ともっともな指摘を受け、翌日に自分で契約してから再訪した。「現地に案内しましょうか」と話すと、「区画はあんたが選んでくれたらいい」と言われ、とんとん拍子で成約した。楠瀬さんは、後に2区画の広い土地に買い替えた。現在も住んでいただいている。

すぐ福岡支店の管理職を集めた。「それぞれ福岡に人脈があるはず。今から2カ月半、岡山ネオポリスの営業を集中的にやれ」と命じた。その結果、70区画を売り、福岡支店はわずか半年で黒字転換した。ボーナスが上がった。支店の中は一気に明るくなり、勢いづいた。そこから福岡支店を離れるまでの5年間、黒字が続いた。

財産の面倒を見てほしい

朝礼は支店の屋上で行う。毎朝、駆け足で上がらせた。夜は部下が帰社するまで待った。支店長室に明かりがついているのに気付き、「まずい」と言って博多の繁華街である中洲に再出撃した者も多かった。私自身は飲めない。お客様と行くのは、顔なじみの「池田」という小料理屋。ウインクすると、女将さんが「濃いめのウイスキーよ」と言ってウーロン茶を出してくれた。

中洲のステーキハウスに接待用のウイスキーをキープしてあった。この存在をかぎつけ、新しいボトルを入れると底から1センチだけ残して立ち去る常習犯もいた。軽いイタズラだから怒ることもない。赤字から黒字に転換し、みんなの中に団結心ができていた。大分に釣りに行ったことも。体長30センチぐらいのタイがたくさん釣れた。強い引きの感触が手に残っている。食べきれないから近所に配った。遊びに来た両親を、大分県の別府《べっぷ》温泉に案内してあげることができた。

福岡に小田弥之亮《やのすけ》さんという資産家がいた。土木工学の権威で小田先生と呼ばれていた。ビルや駐車場、未開発の山林などをたくさん所有しているから、取引を求めて業界各社が日参していた。私は「土地を売らせてほしい」と言って門をたたいた。何度も通ううちに、「お上がりください」と言われた。他社も含めて中に入った者はいない。「玄関先で結構です」と固辞したが、「遠慮せずどうぞ」と招かれて座敷に上がった。

「お茶をいれさせよう」。小田先生はひょいと布団を畳んで中座した。下には1万円札が敷き詰めてあった。戻って来た先生はお札を無造作につかみ、「はい、お小遣い」と差し出した。その話を周囲の人にすると「そんな話はうそだ」と信じないが、本当だから仕方ない。「子供たちは学者肌で商売は不得手。代わりに財産の面倒を見てほしい」と頼まれ、

福岡支店時代に両親を連れて別府温泉に

仕事をもらうようになった。

1977年、私が39歳の時だ。先生から、「全資産を預けるから独立して会社を興してはどうですか」と勧められた。当時で30億円ほどの資産を元手に、商売を始めろというのだ。自分で会社を設立して事業家となるのが生涯の夢。のどから手が出るほど欲しいお金だった。

しかし若くして支店長に抜擢され、取締役にも手が届きかけている。会社が期待してくれていることも何となく感じていた。石橋信夫オーナーという尊敬すべき大人物に出会って色々な教えを受け、離れがたい気持ちだったのも事実だ。小田先生に、「そこまで言っていただき光栄です。しかしお世話になった会社に後足で砂をかけるようなまねをすれば、これまでの幸運が逃げていく気がします」と話して、申し出を辞退した。

先生が病に倒れた後、家族以外は面会謝絶になっていた病室にも入れてもらった。なぜ、目にかけてもらったのか理由を聞きそびれたまま、先生は79歳で亡くなられた。

独立の話は断っておいて正解だった。その翌年、たちの悪い胆嚢炎にかかって1カ月入院し、さらにその次の年に原因不明の激しい腰痛でまた1カ月入院した。なかなか治らないので2度転院し、医者にも「このヤブ医者」と悪態をついて主治医を7人代えたほどだ。新会社を設立しても、そんなに休めばあっという間に倒産してしまう。人の道に背くようなことをしなくてよかった。会社を興してオーナー経営者になる夢は、２回の入院でついえた。

壁の向こう側が見える人

石橋信夫オーナーは「現場主義」を信条とし、日本中の支店や工場を視察で回っていた。下関《しものせき》から門司《もじ》に向かって車で関門海峡を渡っていると、オーナーが「橋は何メートル、海面からの高さは」などと質問する。説明していると、じっと目をつぶったままだ。こちらが「寝てますか」と言うと、「聞いてるで」。寸暇を惜しんで情報を仕入れていた。福岡支店に着くと、「樋口君、いま熊本はどないなっとるねん」とまた質問。隣には九州全体を統括するブロック長がいる。「私は福岡の支店長ですから」とだけ言ってお茶を濁そうとした。

オーナーは許してくれない。長崎は、鹿児島は、と質問が続く。最後に「福岡支店は九州の玄関口で、九州の母店や。九州全部で社員は何人いてる」と聞かれ、「工場も入れると460～470人やと思います」と答えた。「たったそれだけか。わしは23歳でソ連軍の捕虜になり、1000人の兵隊を連れてシベリアに行った。1000人全員に気配りでけないかん。4000人や5000人の顔ぐらい覚えとかんかい」とばっさり。

オーナーが言う「気配り」がどういうものか、私は間もなく知った。福岡支店に年配の男性が突然、訪ねて来たのだ。「石橋（信夫）中尉は私の命の恩人です」と言う。石橋オーナーはシベリア抑留時に収容所で日本人捕虜を率いており、男性は捕虜の一人だった。酷寒のシベリアでろくな食事も与えられずに森林伐採の重労働を強いられ、脱走を図ったが捕まって連れ戻されたという。

逃げ損なった男性を見るなり、石橋オーナーは問答無用で殴り飛ばした。「ソ連兵が驚くほどの勢いで何度も拳を振るい、半殺しの目に遭わされました。そのおかげで私は銃殺を免れました」と聞いた。決してうらんでいない。逆に命の恩人だと感謝していた。次に何が起きるのかを予測し、さらにその先まで見通して動くのが石橋信夫流の「気配り」だ。未来の事象に対するスジ読みの確かさに、何度舌を巻いたことか。オーナーは「壁の向こう側が見える人」なのだ。

福岡支店長だった私に九州各地のことを聞いたのは、「常に一つ上の立場を意識して仕事をやれ」という教育だった。支店長はブロック長の、取締役は常務の仕事を把握しておかなければ昇進した時に即戦力になれない。

石橋信夫オーナーは復員して家業の木材店を手伝いながら、1950年のジェーン台風にも負けなかった稲穂と竹の中空構造にヒントを得て、創業商品の「パイプハウス」を開発。1955年に創業すると当時の日本国有鉄道（現JR各社）の倉庫として売り込みに成功。日本電信電話公社（現NTT各社）や電力各社に販路を広げた。

映画「黒部の太陽」で有名な関西電力黒部川第四発電所（黒四）建設工事の現場は秘境の黒部渓谷である。作業員宿舎はパイプハウスでできていた。ふもとから少しずつ資材を担ぎ上げて建てた。現地には大和ハウス工業の社員が常駐してメンテナンスにあたった。オーナーが足を踏み入れたことのない地域は、地図上に存在しないとさえ思えた。

「パイプハウス」で建てた黒四ダム建設現場の作業員宿舎

国鉄との商談を成立させた時のオーナーの逸話に、私たちは今も勇気づけられる。創業から間もない大和ハウス工業の企業規模が小さいといって、国鉄本社の係長、課長、部長に相手にされないと、最後は国鉄常務理事である局長に向かって「国鉄だって元は裸一貫のかごかきが始まりじゃないですか。わしのところは資本金３００万円のれっきとした会社ですよ」と言ってのけた。さらに「わしのワイシャツを見てください。１日乗っただけでこんなに黒くなってる。国鉄は早く電化しなければいかん。そのためにパイプハウスが役に立つと思って来とるのじゃないですか」「そもそも国鉄も日立製作所の部品がなければ動かない。その日立も最初は40人でスタートした。初めはみなそのようなものと違いますか」と思いをぶつけて席を蹴った。

これでは何のために夜行列車に乗って東京の国鉄本社まで来たか分からない。オーナーのすごいところは、翌朝もう一度何食わぬ顔で訪ねて行くところだ。前日にやり取りをした局長が、「あなたの言う通りだ。こっちから電話しようと思っていたところだ」。先方の態度が一変していた。あとはとんとん拍子で話がまとまり、全国津々浦々の駅や事業所からパイプハウスの注文が舞い込んだ。「営業は断られた時に始まる」というのが教訓である。

私が受けた数々の教えは、決して分かりやすい直接的なものではない。時間がたって、「あぁ、そうだったのか」と思う禅問答ばかり。後に石川県・能登の石橋山荘で療養生活に入ったオーナーと一緒に風呂に入り、背中を流しながら色々な場面を思い出して聞いた。「あれは教えていただいてたんですね」と何度も繰り返すと、「気が付くやつと、気が付かんやつがおる」。ぼそっと答えが返ってきた。私に到底あのまねはできない。だからつい、「こらぁ」と机をたたいてしまう。

試練の東京勤務

1981年8月、初めての一人暮らしを始めた。福岡支店長を5年務めた後、東京支社建築事業部長に就任したのだ。東京は苦手な場所だった。大阪弁が通じにくい。「ちゃう（違う）」「もういのか（もう帰ろうか）」などと言うと、けげんな顔をされた経験があった。

だが、山口支店長になる前に東京行きを打診されて断った経緯がある。２回目は渋々従った。

長女が高校を卒業するまで、家族を福岡に残しての単身赴任だった。社宅は東京都北区滝野川にあった。女優の倍賞千恵子さんの生家に近い場所だ。ある日、タバコ屋さんの軒下で雨宿りしていると、お店の人が気の毒がって、見ず知らずの私に傘を貸してくれた。東京にも親切な人はいると分かり、気が楽になった。関西に生まれ育った私は、東京は冷たい人が多いと勝手に思い込んでいたのだ。

台所用品一式を買いそろえたが、これまでろくに包丁を握ったことがない。野菜炒め一つ作るにも、電話で妻に指導を仰いだ。電話代が月に４万円もかかり、自炊は断念した。しばらくして家族が上京してきた。東京都世田谷区内に転居し、食事の問題も解決した。

だが東京勤務の３年は精神的にきつかった。実は支社の役員２人と反りが合わなかった。

東京支社建築事業部は東日本における一般建築が主力で、工場・倉庫・事務所棟などを施工する。ミーティングをしていると片方の役員から内線で呼び出しの電話がかかり、出席者が１人、２人と抜けていく。会議が成立しなくなった。それが何度もあった。ほかにも陰湿な嫌がらせが続いた。部下は上司を選べない。私は家に帰って布団をかぶり、悔し涙を流した。

これまでが順風満帆すぎた。「貴重な反面教師と出会えた。自分は絶対に同じことをしない」と心に刻んだ。導火線が短く、すぐに爆発していた私が忍耐を学ぶ機会を与えられたと思うように努めた。

1984年1月、賀詞交歓会で石橋信夫オーナーから「元気になったな」と声をかけられた。福岡支店長時代に2度入院した後の回復を確認するような口ぶりだった。その年の4月、東京支社特建事業部長になった。大和ハウス工業の企業理念である「建築の工業化」により、工場・倉庫・事務所棟に加え、官庁の仮庁舎なども請け負う。徹底した工程標準化と規格品の採用で、品質向上とコスト低減、工期短縮を目指していた。面白い。やり方次第でいくらでも新規市場が開拓できる。闘志がわいた。

6月、オーナーから「そろそろこっちに来い」と言われ、取締役に推された。ところが支社のもう片方の役員が、「まだ46歳で若い。同年配社員との兼ね合いもある。今回は辞退しろ」と言う。無視してそのまま株主総会を経て取締役に就任した。電話で部下を呼び

特建事業部の商品「ダイワデルフ」

出していた役員から、就任して最初の役員会終了時に「あんたは強いなぁ」と言われた。取締役になった後、用事があって会長室に行くと、石橋オーナーが今回辞退しろと言った役員を電話でこてんぱんにやっつけていた。部屋を出ようとしたらオーナーが手招きする。聞いておけ、というのだ。オーナーは、東京支社で何が起きているのか知っていたのではと思った。山口支店長の時のようにつまらぬ愚痴を言わなくてよかった。

出世してせめてもの親孝行を

父はとても頑健な体をしていた。輪転機の重たい機械が足の上に落ちても骨折だけで済んだぐらいだが、晩年に胆管がんにかかった。入院先の病院から正月に一時帰宅すると「今度はあかんみたいや」と静かに語り、1984年1月に71歳で亡くなった。

私はその半年後の6月に、大和ハウス工業の取締役になった。転職を応援してくれた父に晴れ姿を見てもらえなかった。長女が成人式の帰りに父を見舞った。成人した初孫の晴れ着姿を見せてやれたのがせめてもの救いだ。

父が亡くなり、一人暮らしになった母を引き取った。最後の６年間は妹夫婦の家で暮らしていた。母は父よりも長生きしてくれ、２００1年8月に83歳で逝った。この年の４月に私は大和ハウス工業の社長になっていた。息子の出世を母は心から喜んでくれた。最後の言葉は、「私の人生は大変幸せやったよ」だった。着物を質入れまでして私を大学に通わせてくれた母に、少しは親孝行ができたのかもしれない。だがもっともっと尽くしたかった。いま私は両親の遺影に深い感謝を込め、「おはよう。行ってきます」「ただいま」とあいさつをする。

３歳年下の弟、進のことにも触れておきたい。身長も肩幅も私より大きく、高校ではラグビー部に入っていた。典型的なやんちゃ坊主だった。通学時に阪神電車の車両連結部で他校生ともめたことがある。２人は途中の駅で電車を降りた。相手はボクシング部員だった。立ったままでは不利になると考え、タックルして担ぎ上げ、そのまま駅前の広場にある防火水槽に押し込んで大騒ぎになった。相手がけがをしたために母は学校に呼び出された。

長女が幼いころの筆者（後列中央）の家族

同じようなことが何回もあり、怒った父が勘当した。調理師になり大阪・鶴橋で飲食店を開業してようやく勘当は解けた。その後、東京・蒲田に移り、新たに飲食店を構えた。色々大変なこともあったが、すべて自力で乗り越えた。「兄貴、困ったことがあったら何でも相談してくれ」と言った。

その元気いっぱいの弟が、ＡＬＳ（筋萎縮性側索硬化症）という病気にかかった。全身の筋肉が衰えていき、言葉もしゃべれなくなる難病だ。１８６９（明治２）年にフランスで最初の患者が報告された。２０１２年のノーベル生理学・医学賞を受賞した山中伸弥教授が世界で初めて作製したｉＰＳ細胞（人工多能性幹細胞）の応用も研究されてはいるが、現在もまだ治療法が確立されていない。米大リーグでベーブ・ルースとともにヤンキースの黄金期を支えた鉄人ルー・ゲーリッグがかかったことから、米国では「ルー・ゲーリッグ病」とも呼ばれている。

自宅へ見舞いに行くと、首からゴムひもで腕をつるし、タバコを吸っていた。「まだ死にたくない。もう一度元気になりたい」と言った。入退院を繰り返した。蒲田の店で私が背中を押しながら階段を上っている途中で突然、弟の呼吸が止まった。一緒にいた家族が救急車を呼んだ。救急隊員が心臓マッサージをして一命をとりとめた。

そこから1年は地獄だった。意識ははっきりしているのに、体はどんどん動かなくなっていく。最後のころは声帯が麻痺し、目で文字盤を追いながら「早く死にたい」と意思表示した。本当に残酷な病気だ。

弟は1991年4月に49歳で亡くなった。あの時、救急車に乗せたのが正しかったのか、私は今も答えを見出せずにいる。

おまえらの頭の中は既成概念でカチカチや

東京の3年間は辛抱の日々だったが、1984年6月に取締役になってから常務、専務と昇進していった9年間は本当に楽しかった。1986年4月、取締役特建事業部長に就き、新しいことにチャレンジできるようになった。生まれ変わったような気分だった。

「建築の工業化」で現場施工を減らし、自動化した工場生産の部材をたくさん使えば、お客様は高品質の建築物が早く、安く手に入る。それを徹底するために、「４Ｍ工法」を提案した。「無足場、無コーキング（充填剤）、無塗装、無溶接でやれ」と言った。「無＝Ｍ」だ。

足場は建ち上がった建物の外壁塗装に使う。それなら、工場で事前にパネルに塗装しておけば足場も現場塗装も不要になる。パネルとパネルの隙間は充填剤で埋めるのが常識だが、それをシリコーンゴムに代えれば早い。鉄骨を溶接するとコストがかかり、しかも溶接工の腕前次第でばらつきが出る。高張力鋼を使うハイテンションボルトで締めれば、誰がやっても仕上がりは均一だ。

技術者たちが「そんなことはできません」と猛反発した。私は、「試しもせんと、できないとは何じゃ。おまえらの頭の中は既成概念でカチカチや。やってみてから言え」とカミナリを落とした。高層ビルに塗装の足場がないのに、2～3階建ての建物に足場が必要不可欠とは思えない。耐火性のあるシリコーンゴムのメーカーは自分で探し出した。足場もコーキングも不要の商品開発につながった。

全国47都道府県を全部回り、支社・支店では本社役員として朝礼で訓示した。その後は

「４Ｍ工法」で、足場を組まず
建物内側から外壁パネルを取り付ける

特建事業部の社員教育だ。受注予定を聞いて、「しんどい（難しい）とこから行こか」と言って現地の担当と一緒にお客様を訪問した。組織はまず頭が動かないとしっぽは動かないのだ。

名古屋で事業部の研修会を開いた翌日、所長から「親分は１人でいいんですが」と電話があった。名古屋を管掌するブロック長の常務から私と異なる指示が出たなと察知した。「特建の方針は会長、社長と摺り合わせ済みです。指示は私を通してください」と申し入れて了承を得た。

全国に50人ほどいる特建の所長は「守ってもらった」と奮い立ち、団結は強まったが、社内の目は冷ややかになった。工場で事業部の会議を開くと、「樋口一家のお出ましですな」とチクリ。徒党を組んだ覚えはないが、相手は「自由奔放で、所長以下のびのびやってますがな」と続ける。素直にほめ言葉と受け止めておいた。

常務時代の１９８９年10月、特建事業部内に「シルバーエイジ研究所」を設置した。超高齢社会の到来を見越して、病院や高齢者向け施設の計画から土地取得、施工まで請け負う。今までのようにハードだけを武器にするのではなく、ソフトの部分をしっかり構築しなければならない。人材の育成も必要だ。石橋信夫オーナーには「経費はこちらで持ちます。3年間、数字のことは聞かないでください」と言うと、「分かった」と一言。2年後に、「あと1年やな」とオーナーはクギを刺しにきた。決して忘れたりしない。事前の読み通りで事業はうまく軌道に乗った。これまでに3000件をゆうに超える施工実績ができ、会社の大きな柱に育った。特建時代の9年間は忙しかったが、会社人生で一番楽しい時期だった。

新規事業を考えてはオーナーに報告し、「次は何を考えてくれるんや」と声をかけてもらえるのがうれしかった。屋根を支える小屋組《こやぐみ》（トラス）や梁を段ボール素材に置き換える技術を検討していた。魚市場のトロ箱を段ボールに置き換える技術を持っている会社と話を進め、強度や耐火性の問題もクリアできそうだった。「うんうん」とうなずいて聞いていたオーナーが、急に厳しい表情になって告げた。「それも大事やけどな、もっと大事なことで君に頼みがある」

第4章
サナギ経営と即断即決

君の宿命やと思うてくれ

「団地に行って、社長をやってくれ」。予想もしない頼みごとだった。団地とは大和団地のこと。大規模な宅地開発を手掛けてきたグループ企業だ。「土地に1本ずつ木を植えるように、プレハブ住宅を植えていこう」と考えた石橋信夫オーナーが富士製鐵（現新日鐵住金）、野村證券、小野田セメント（現太平洋セメント）との共同出資で1961（昭和36）年に設立、後に上場した。自前で土地を造成して、プレハブ住宅とセットで売る体制が整った。

大和団地設立に先立って石橋オーナーから相談を受けた富士製鐵の永野重雄社長（当時）は、「人が座るのに座布団がいるように家にも座布団がいる。家を売るなら土地も開発する必要がある」と言って、後押ししてくださった。オーナーはこの「座布団論」がお気に入りで、事業紹介にいつも引用していた。永野社長から小野田セメントの安藤豊禄《とよろく》社

草創期の大和団地が大阪府羽曳野市で造成中の宅地

長（当時）を紹介していただいた縁で出資がまとまった。オーナーと同郷だった野村證券の瀬川美能留社長（当時）からも、参加の約束を得た。

１９６２年には住友銀行（現三井住友銀行）と提携し、住宅ローンの先駆けとなる「住宅サービスプラン」という独自の仕組みを編み出した。自社開発の宅地購入者に提供するためだ。まず頭金１００万円を定期預金し、翌月から毎月1万７０００円を15回積み立てて３カ月据え置く。こうして契約から1年半で１２５万５０００円ができると、70坪（約230平方メートル）の宅地と18坪（約60平方メートル）の住宅に住むことができた。残金は85回の分割払いにするという仕組みだ。それまで銀行は個人には融資をしないのが原則だった。まず資金をためて土地を購入し、それからまた貯金を続けて家を建てるのが普通だったため、画期的な取り組みであった。

独創的なアイデアで業績を伸ばした大和団地だったが、宅地開発ブームが去り、バブル経済の崩壊で深手を負った。

オーナーからの突然の頼みごとに、私は、「勘弁してください。今の専務で十分満足してます」と言った。大和ハウス工業特建事業部の売上高を３００億円から１０００億円に増やし、専務としても脂がのっていた。一方の大和団地は売上高714億円で、有利子負債が2倍の1418億円もある。債務超過寸前だった。

オーナーの顔がみるみる怒気を帯びた。「カネも信用もバックもないところでゼロからわしがつくって上場までさせた会社や。潰すわけにはいかん。一緒にやるからと頼んどるのに、何が不服じゃ」と頭ごなしに怒鳴った。いつもと明らかに口調が違う。身がすくんだ。

しばらく沈黙した後、「樋口君、山口でええ経験したやろ、福岡で苦労したやろ」とこれまでの経歴に触れ、「昨日今日の思いつきでわしが言うてると思うのか。ずっと見てきたんや」と諭すように言う。15分程度のことだったが、何時間にも感じられた。

教えられ、導かれてきた日々がよみがえった。断れば会社には残れないだろう。「分かりました。そこまで言っていただければ男冥利《みょうり》に尽きます」と答えた。「君の宿命やと思うてくれ」。部屋を出て行こうとする私の背中に、オーナーはとどめの一言を放った。1993（平成5）年4月15日、私の大和団地行きが決まった。グループ会社に出て、本体に戻った役員はいない。片道切符だ。

掃除して黒字にせい

オーナーは、「社長に就任する6月までに大和団地が保有するすべての土地を見てこい」と厳命した。２カ月間、日本中を飛び回った。九州も北海道も日帰り。朝昼晩、雨と晴れ、条件を変えて自分で土地を目利きした。社長就任時のオーナーからの命令は、「掃除して黒字にせい。新たな借金はまかりならん」。売れ残りの土地は何かが欠けている。地崩れが起きている土地、市街化調整区域で手の付けられない土地もあった。私は、「過去の責任追及はしない。思い切って洗い出せ」と言って損切りで現金化した。

大規模宅地開発から撤退し、分譲マンションと木造の分譲住宅にシフトした。どこにどんなマンションを建てるかは、オーナーの教え通りに「全部おれが見て、おれが決める」と宣言した。土地購入で10個以上もハンコが押してある稟議書が届いてからでは遅い。手元に届くまでに2週間はかかる。本当にいい土地なら売れてしまっている。

書類作成は後回し。容積率、最寄りの学校・駅・病院・スーパーまでの距離などを事細かに調べ、近隣のマンションの売値と照合。その場で私が購入の可否を決めた。土地の買値からマンションの売値をいくらにすればいいか、暗算ですぐにはじき出せるようになった。移動はいつも1人。「一緒についてこられても用心棒にもならん」と言って断った。

団地時代の経験から、いま社員には「自信があるなら稟議書が通るのを待たずに土地を買え」と言っている。会社ではなく自分の金だと思って決めればいい。「上司から色々言われても『うそは言ってません』と胸を張って答えろ」と訓示している。

大阪市西区のオフィス街にある大和団地には電車と社用車で通った。自宅から最寄り駅までは、軽自動車で妻が送ってくれた。近所の奥さんからは、「おたくのご主人は上場企業の社長さんなのに軽自動車でいいの」と言われたらしい。そんなことは、まったく気にならなかった。気にしている余裕などなかったと言う方が正確だ。妻も、「軽自動車は燃費がいいし乗りやすい」と言って平気な顔をしていた。

社長に就任して3カ月目のこと。大和団地が連帯保証しているある病院が倒れ、68億円もの負債を背負わされた。債務超過寸前で銀行からの新たな借り入れは厳禁とオーナーからきつく言いわたされている。身動きがとれず、私は大和ハウス工業本社にオーナーを訪ねた。

体を張っているから結論を出せる

石橋信夫オーナーも、大和団地が施主の病院に対して債務保証していたことは知らなかった。私が金策を相談すると、「それを解決するのが社長やないか」と、取り付く島がない。最後には「おまえがなんとかせい」と怒鳴りだす。なんと理不尽な。私も頭にきて、「もう結構です」と言って部屋を飛び出した。

ビルを出るところで当時、大和ハウス工業と大和団地の会長を兼務していた石橋殺一さんと出くわした。私の形相がすさまじかったのだろう。「どないしたんや」と声をかけられた。私は、「どないもこないもありません。帰ります」とだけ言って大和団地に戻った。

会長である殺一さんにも失礼な態度をとるほど、私は頭に血が上っていた。

眠れぬ夜を過ごした。オーナーの言うことはスジが通らないが、私の態度も礼を失していた。朝一番で謝りに行った。午前7時半に本社に着き、オーナーの到着を待つつもりだった。ところが秘書は「おみえになっています」と言う。手の内を読まれていた。

部屋に入るとオーナーは不機嫌そうに「何や」。私は「昨日は大変失礼いたしました」と頭を下げ、こう続けた。「言われたことに納得はいきませんが、ご指示とあれば体を張ってやります。大和団地だけのことでは済まないかもしれませんがよろしいですね」。すると、オーナーは冷静に「うまいことやれよ」とだけ言った。

とはいえ、うまいやり方など思いつかない。会社人生で最大の窮地に陥った。思い切って、倒産した病院に融資していたある銀行を訪ねた。出てきた取締役に、「確かに連帯保証の責任はうちにある。しかし、銀行にも貸した責任があるのではないか」と問い、「私は体を張っているから結論を出せる。あなたは銀行を代表して結論を出せますか」と迫った。

事態打開のために、銀行の頭取の自宅前に座り込む覚悟も固めていた。気迫が伝わったのだろう。取締役は「行内調整の時間が欲しい」と言った。紆余曲折を経て出た結論は、

石橋信夫オーナー（手前右）と石橋毅一さん（同左）と
筆者（中央）

大和団地が持ち合いで保有するその銀行の株の売却だった。ただし銀行は大和団地株を手放さず、友好関係は維持する。難しい調整をやり遂げる辣腕の持ち主と出会えたことは幸運だった。後に、この取締役は副頭取にまでなられた。

債務保証問題では突き放した言動をみせたオーナーだったが、いつも取締役相談役として大和団地役員会に出席し、私を支えてくださった。オーナーは言い訳が大嫌いだ。役員会で出席している役員が弁解めいたことを言い始めると、いつも私が「つまらんことを言うな」と制していた。ある日の役員会で、ほかのことを考えていて一瞬、出遅れた。オーナーは、「おまえら、おれの5分の1でも働いてみたらどうや」とつえで机をたたいて大爆発した。もう手が付けられない。私を含め全員が大目玉を食らった。

私が大和団地に転じて2年たった時、役員会を終えて車に乗る前にオーナーは言った。「おれ、もうええやろ。用があれば君の方から来てくれたらええ」。社長業の初心者マークを外す許可が出た。

大和団地の社長に転じた時、新聞記者に囲まれた。全員が「リストラをやるんでしょ」と聞く。「どういう意味ですか」と問い返すと、「人を減らして人件費を削減しないと」と言う。負債が売上高の倍もある危機的な状況で人減らしをやれば、最初に優秀な社員から辞めていく。それでは二度と立ち上がれなくなる。

サナギからのスタート

「毎年、社員を100人以上採用しろ。東京支店だけだった関東は5支店に、全国8つの支店を3倍に増やせ」と指示した。オーナーの絶対的命令があり、大和団地を潰すわけにはいかない。人を増やして攻めに転じ、同時に会社を再び成長軌道に乗せる強い意志を示した。目標を「10年で復配し、売上高2000億円、経常利益100億円」と定めた。

事業所回りをしていて、覇気がないと感じた。大和ハウス工業の社員が野武士だとすると、大和団地社員は上品な紳士でお公家さんのように思えた。しかし、ひねくれてはおらず、素直だから見込みは十分にあると踏んだ。移動中の新幹線車内で、手帳に対策を列記してみた。

I＝言い訳をせず
G＝ごまかさずに
A＝あきらめずに
N＝逃げずに
A＝明るく
S＝スピーディーに

頭文字を左から読むとサナギ。新生・大和団地の標語として「サナギからのスタート」を掲げ、美しいチョウに生まれ変わろうと呼びかけた。言葉だけでなく視覚に訴えるために、ビルをサナギのような黄緑色にした事業所もある。

午前8時半に始業だったが7時前には会社に入った。7時半から8人の支店長に秘書も通さず直通番号で電話し、「あのなぁ」といきなり用件を告げた。最初は驚いていたが、そのうち幹部や社員も早く出てくるようになった。

オーナーは、財務・経理を見る優秀なスタッフを大和ハウス工業から送り込んだ。彼からは精緻な報告書が私に何本も上がってきた。大和ハウス工業と合併するまでの8年間、常に私の右腕として支えてくれた。会社の立て直しで人を派遣する時には、必ず参謀格を一緒に付けねばならないということを学んだ。

ある常務が駐在する支店で、受注計上にごまかしがあった。その常務は、私の社長就任と同時に退いた前会長が引き立てていた。前会長に状況を説明すると、「人間には肩書が上がって良くなるタイプと悪くなるタイプがある。彼も昔はそんな男ではなかったが、後者に属してしまったなぁ。大和団地は樋口君が託されたんやから思うようにやってくれたらええ」と言ってくださった。本当に助かった。前会長の了承を得た後で、その常務には辞めてもらった。ほかにも取締役２人に辞表を出させた。石橋信夫オーナーに報告すると、「経営者は人を切れて一人前や」とだけ言われた。

名古屋で売れ残ったマンションの販売責任者が実績を上げていた。まだ36歳だったが支店長に登用した。やる気を出して数字を残せば年齢に関係なくチャンスを与えた。逆に、うだつの上がらぬ支店長は容赦なく交代させた。

今がチャンス

1994年3月、人事課長が「えらいことです。120人も退職者が出ました」と言って飛び込んできた。私は「心配するな。辞めた者の入社年次を調べてみろ。バブル絶頂期に三顧の礼を尽くして採用した1989～1991年入社組がほとんどのはずや」と予言した。案の定、退職者の85％をその年次が占めた。翌年も同じ世代が110人辞めた。

人員削減をやれば、会社に見切りを付けた優秀な者から辞めていく。私は一人ひとりに責任を持たせるようにした。それまでのぬるま湯に慣れきった連中は、熱さに耐えかねて飛び出していった。「雇用が冷えている今がチャンス。中途採用もやれ。100人の新規採用を続けろ」と指示した。去っていったバブル組と同数の、ギラギラと目を輝かせた優秀な新人が入ってきた。

本当の意味でのリストラができたのだ。人間が持つ能力の差は大したことがない。モチ

大和団地の若手社員と意見交換する筆者（右から２人目）

ベーションの差が違いを生むのだ。その気になって働けば、おのずと本来備えている能力が発揮される。

本社ビルでは執務フロアは禁煙。各フロアの階段の踊り場に喫煙コーナーを設けた。私自身もヘビースモーカー。あちこちの踊り場へタバコを吸いに行った。突然、社長が顔を出せば紫煙よりもずっと煙たい。社員がクモの子を散らすように去っていく。「待たんかい」と言って連れ戻し、よもやま話をした。

踊り場談議を1年も続けると、警戒していた社員も胸襟を開く。「最初は社長のことを『進駐軍が来た』と言うてました」と遠慮のない声が聞けるようになった。私の狙いが会社再建だとやっと信じてくれたのだ。巨額の負の遺産はそのままだったが、1995年3月期に大和団地は黒字に転換した。サナギはようやく目覚め、羽を広げた。

第5章
大企業病を退治する！

1兆円企業、船出の社長

新聞記者が「話を聞きたい」と言ってきた。「大和団地の状況が改善した理由が知りたい」と言うのだ。私が「数字は社員がつくった。社員をほめてやってくれ」と言うと、記者は「それでは記事になりません」と言って筆をおいてしまった。経営者は社員が働きやすい環境を整えるのが仕事だ。夢を与え、ビジョンを見せればちゃんとついてきてくれる。

大和団地に勢いがついてくると、石橋信夫オーナーは「社名を変えてもええで。大和ホームはどうや」と言った。私は、「団地で十分。貧乏会社にＣＩ（コーポレートアイデンティティー）は似合いません」と答えた。木造の分譲住宅と分譲マンションをてこに、こんな軽口がたたける程度に業績が回復。２０００（平成12）年3月期、２・５円の復配にこぎつけた。何とか企業として、株主や社会に対し、最低の義務だけは果たせるまでに回復した。

するとオーナーが、「樋口君、大和ハウス工業の非常勤役員を兼務しておけ」と言う。「団地の仕事で忙しいからよろしいですわ」と断ったが、「まあ、ええから」と押し切られ、2000年6月に非常勤取締役になった。8月に呼ばれた。「樋口君、合併しよう。対等合併や。帰ってこい。社長やってくれ」。またやられた。唐突な非常勤取締役就任はこの伏線だった。大慌てで12月に臨時株主総会を開催、合併議案は承認された。2001年4月1日付で合併し、存続会社は大和ハウス工業。大和団地1株につき大和ハウス工業0・3株を割り当てた。

合併後の売上高は1兆円を超える。オーナーが、「3月末までに大和ハウス工業の支店・工場を回ってこい」と指示した。大和団地に行った時と同じだ。一時期離れてはいたが30年もいた会社。「様子は分かっています」と言ったがだめ。「1兆円企業の社長になるということは、君の休みがなくなるいうことや」と譲らない。当時の67支店、13工場訪問の旅に出た。

合併日の4月1日は日曜日だった。私は振り替え出勤を命じ、管理職600人を本社の大会議室に集め、「大和ハウス工業には優れた経営資源があるが、会社トータルでみると

合併を発表する大和ハウス工業の東郷武社長と筆者（右）

1996年度に単体で1兆1690億円の売り上げを達成した時の勢いには及ばない。最優先で受注の拡大に取り組む。販売なくして企業なし」と訓示した。

各部門で朝礼をして、訓示を伝えているだろうと思い、各フロアを順に回った。ある事業部へ行くと担当役員が100人ほどを前に話をしている。最後列の社員の横で聞こうとしたが、何も聞こえない。「君、聞こえとるのか」と尋ねると「いいえ」と言う。ほかの者も返事は同じ。

会社が新たな一歩を踏み出した大切なその日に、話すフリをする役員と聞くフリをする社員が茶番劇を演じていた。最後尾から「こらぁ！　伝える気がないなら話なんかするな」と大声で怒鳴った。話をしていた役員と、驚いて後ろを向いた社員に「何のための朝礼や。こんなものは形式だけ。意思の伝達なんかできるわけがない」と叫んだ。怒りよりも、情けない気持ちの方が大きかった。

私が大和団地に行っていた8年の間に、大和ハウス工業には「大企業病」が蔓延していた。まず役員教育から始めた。4月の役員会で「役員の任期を2年から1年に改める」と通告した。オーナーの了承も得ていた。最初は渋っていたが、「変化が速い今の時代に選任されたら2年間安泰なんて通用しません」と言うと、オーナーも納得してくれた。

フロアを回って自らの存在意義を説明できなかった部署は廃部にした。本社内で仕事の中身が似ているように思えた２つの技術部門が机を並べていた。若い社員に「どこが違うねん」と尋ねると、小さな声で「部長さんが２人いらっしゃいます」と答えた。区別できないほど仕事の共通部分が多い２つの技術部門は統合した。本社に居場所がなくなった部長は現場に出した。私は再び鬼になる覚悟を固めていた。

赤字の支店長はボーナスゼロ

合併時の２００１年４月に１３５０億円あった有利子負債の返済が急務だった。石橋信夫オーナーは当初、「４年で返してくれよ」と言った。それが8月には「3年で」、12月には「2年でな」と前倒しになった。全国の支店が過去に先行取得した土地の価格がどんどん下がり、買収価格を割っていくのを見越しての指示だった。私は、「一定期間内に処分した分の赤字は本社でみる。とにかく売れる値段で手放せ」と命じた。

配当金は17円から10円に減らし、役員報酬はカット、賞与もなし。管理職は1割減俸、社員の1回のボーナスを1・7カ月に抑えた。その効果も相まって、借入金は指示通り2年で完済した。

大企業病の駆逐は人の育成にかかっている。役員会や支店長会議の訓示では具体例で問題点を指摘した。富山県にあるYKK APの工場を見学すると、稼働していない一角があった。大和ハウス工業向けの特注サッシの生産ラインだ。応接室で2つのサッシを見比べて、印象の悪い方を指さすとこれまた大和ハウス工業向け。ご丁寧に、サッシに付属する半円形のクレセント錠までオリジナルだった。

仕事をしたつもりで無駄をつくりだしている。「独自仕様のクレセント錠をお客様が喜んでくれるか考えてみろ。工場稼働率が低いオリジナル部材は割高で、保守用に在庫を抱えるロスも出る」と断罪した。販売センスもコスト感覚も欠如している。

「最大のライバルは地場の工務店だ」とも言った。我々が住宅フェアで派手に宣伝して集客する。ある工務店は会場出口で待ち構え、帰ろうとするお客様を「ちょっとだけ」と言って自分たちの物件に案内する。事前に大手各社の住宅ショールームで写真をたくさん撮って研究し、いいとこ取りで玄関と台所、洗面所、浴室にいい設備や部材を採用してある。しかも宣伝費をかけていないから安い。住宅購入の決定権を握る奥様方を一気にひきつける作戦だ。これは、大和団地の社長時代に地場工務店の社長から聞いた実話だ。

「手の内をそんなに明かして大丈夫ですか」と私が聞くと、「私たちが戦う相手は社長さんでなく、現地の支店長。こっちはオーナー経営者ですからサラリーマン支店長なんかに負けません」と言ってのけた。

岐阜県に母方の親戚で藤原寛蔵さんという腕のいい大工さんがいた。仕事がいつも2〜3年先まで埋まっている。注文を受けて家を建てると評判がいい。口コミでお客様が増え、仕事の途絶えることがなかった。地場工務店も寛蔵さんも、地元密着でかゆいところに手が届くようなきめ細かい仕事を続けて信頼を獲得したのだ。

地元の情勢を熟知した支店長が地場工務店と同じことをやれば無敵だ。事業規模が大きい分だけ企業としての信用があり、技術水準も高い。しかし地元密着の徹底が難しい。残念ながら、会社の大きさにあぐらをかいている支店長が一部にいた。「気が付くやつと、気が付かんやつがおる」というオーナーの言葉を思い出すのはこんな時だ。

大和ハウス工業の管理職やグループ会社役員への訓示は、判断基準となるポイントだけを伝える。同じことを何回も繰り返す。「知る」と「分かる」はよく似ているが、まったくの別物だ。教室で本やビデオを使って泳ぎ方を教えても、初めて水に入れば溺れる。助かるために必死で泳ぎ方を覚える。その時に初めて泳ぎ方が「分かる」。だから現場主義は大切なのである。

「赤字を出した支店長は原則としてボーナスゼロ」。2001年11月15日付の日本経済新聞朝刊記事に社内は震え上がった。「支店長は社長の代理人。営業成績に責任を持たねばならない」。新聞を見て取材に来たテレビ局のインタビューでも、持論を繰り返した。

外部メディアを介して重要なメッセージを伝えるのは、プロ野球の野村克也元監督がマスコミ相手に駆使した「ぼやき」と同じ。直接言うよりも速く、深く伝わることがある。人事考課が近づくと支店長夫人から人事部あてに「夫のボーナスは大丈夫でしょうか」と問い合わせが入るものの、社内はギュッと引き締まった。

赤字支店長ボーナスゼロ

大和ハウス

大和ハウス工業は赤字支店の支店長に対し、原則として今冬の賞与を支給しないことを決めた。削減分は好成績の支店長に上乗せし、成果主義を徹底する。

九月中間期の実績をもとに支店ごとに経常損益を算出し、赤字の場合は原則として支店長の賞与をゼロにする。

赤字支店数は非公開だが、全国八十支店のうち十カ所を上回る可能性があるという。

これまでも業績などにより支店長の賞与に差をつけてきたが、賞与が多い支店長でも少ない支店長の五割増し程度だった。樋口武男社長は四月の就任以来、「支店長は社長の代理人として営業成績に責任を持ってもらいたい」と繰り返しており、今冬の賞与で業績配分

「赤字支店長ボーナスゼロ」を伝える
（2001 年 11 月 15 日付日本経済新聞朝刊）

人を替えなかったら意味がないで

社長になって間もなく、石橋オーナーに「事業部制を廃して支店制に改めます」と言った。「なんでや、これまでうまくいってきたやないか」と猛反対である。17年間続けてきた会社組織の根幹に手を付けるというのだから簡単には納得してもらえない。私は「人材を育てるためです。支店長に権限を持たせないと経営の勉強にならんのです」と理詰めで迫った。最後は、「そこまで言うならやったらええやないか」と突き放された。すかさず、「やらせてもらいます」と引き取って激しいやり取りは終わった。

翌月会うとオーナーは冷静だった。じっくり考えて、支店制に合点がいったのだ。「樋口君、組織だけ変えても人を替えなかったら意味がないで」と厳しい口調で告げた。まさにその通りだった。2002年4月から敷いた支店制で、支店長の権限を大幅に強化して自分で決断するように促した。続いて、事業部長や役員の顔色ばかり気にする「ヒラメ族」を一掃しなければならない。その後1年半の間に旧態依然で状況が改善しなかった支店長21人を交代させた。支店長が異動したところは総じて成績が良くなった。意識改革を唱え組織を改めても、人が替わらなければ経営スピードは上がらない。

各支店内にあった事業別の営業所は、社長直轄で全責任を負う支店長の指揮下に入った。人材育成は急務だった。支配人研修、特別（タスクフォース）研修、優秀社員研修、中核社員タスクフォース研修を整備し、社内教育制度を拡充した。支店長公募制度で面接をしていて、36歳の優秀な社員が目に留まった。オーラを感じたとでもいうのだろうか。「支店長をやらせろ」と言うと、担当役員らが「まだ若い。いったん副事業部長を経験させてから」と反対する。「無駄なことをするな」と押し切り、姫路支店の住宅営業所長だった社員を富山支店長に引き上げた。

私だって36歳で山口支店長になった。時代が違うと言えばそれまでだが、人にも旬がある。そのタイミングを彼はつかんだのだ。世間は「運がいい」と言う。しかし努力をしない者に運は絶対にめぐってこない。

2003年には全役職員を対象に「社内起業制度」を発足させた。大和ハウス工業あるいは関係会社の経営資源を活用して市場・製品・サービスを新たに開拓するアイデア、そしてそのアイデアを実行に移す起業チームを募った。新規事業で知恵を絞ることによって、全役職員の〝石橋信夫化〟を狙った。

合格者は表彰して10万円を支給する。提案した事業計画が採用された起業チームには100万円を支給し、事業が成功した場合は利益に応じた金額を配当する。初回は157件のアイデア応募があり、その中から「リフレッシュハウス（健康中古住宅）」「マンション建て替え事業」など6件が合格した。

会長になってからも、「マレーシアで住宅事業をやりたい」という提案があった。ものすごい情熱を傾けている。私は「分かった。支店じゃなく、会社をつくって社長をやる覚悟でやれ」と言った。そして、「宗教や文化の違いは住んでみないと分からない。1年間は商社や地元企業の有力者と人脈をつくれ」と背中を押した。チャンスを与えて初めて人は伸びる。

売上高1兆8000億円のベースがあれば、少々のことで屋台骨は揺るがない。「おまえが失敗しても会社は潰れん。びびらんと行け」と喝を入れた。「紙のリポートを出すよりも直接報告に来い」と最後に言った。じかに目の輝きを見て、言葉の力強さを聞いて進捗具合を判断したい。社員から寄せられたアイデアの中から新しい事業が芽吹き、未来の大和ハウス工業を支える大きな柱に育つと信じている。

「大和ハウス塾」開講

２００８年に幹部候補生育成を狙って「大和ハウス塾」を開講した。経営幹部が推薦してきた候補者の中から、さらに選抜して塾生を決める。大和ハウス工業だけでなくグループ各社からも参加を募っている。第1期生は58人、５期生まで含めて全部で２２０人いる。塾生は経営陣による実地面接を受けているようなもので、これまでに関係会社を含めて39人を役員に登用した。

カリキュラムは厳しい。5月から月1回、２日間ずつ12月まで続く。日常業務を普段通りこなしながら勉強しなければならない。前半はマーケティングやリーダーシップ、財務などを学び、後半は大和ハウスグループの問題点や将来取り組むべき事業テーマを討議する。テーマが優れていれば発案者に事業化を任せることもある。

毎回、役員が講師を務め、それぞれの経験やビジネスに対する考え方を述べ、もちろん私自身も教壇に立つ。その後は自由討議に入る。グループ全体がカバーする事業領域は広い。受講生がまったく予備知識のない仕事について議論を交わすことも多く、一種の異業種交流の研究会に近い。4期生の修了時には10チームの最終プレゼンテーションを聞いた。興味深いものがいくつもあった。講評を交えて20分ほど訓示した。

女性からも積極的に経営を担う人材を育てるつもりだ。残念なことに、大和ハウス工業に女性課長はいるが、女性部長はまだいない。創業60周年の2015年までには、ぜひとも女性部長を誕生させたい。とにかく人、経営は人に尽きる。

1999年、大阪の本社ビル竣工時から敷地内は全面禁煙になっていたが、私が社長に就任してからは本社の各フロアに喫煙コーナーを設けた。大和団地時代、階段踊り場につくったのと同じだ。タバコを吸うためにわざわざエレベーターに乗って1階まで降りるのでは電気代と時間がもったいない。東京・飯田橋にある東京支社の場合は、会社近くの橋でみんながタバコを吸うために、近所からクレームが来たことがある。色々な意味で喫煙コーナーは役に立った。

喫煙コーナーに私が顔を出すと、そこにいた社員がそそくさと出て行こうとする。「何で出ていくんや」と言って呼び止めて世間話をした。２回目からは普通に話ができるようになった。会社のどこかでダイヤモンドの原石が掘り出されるのを今か今かと待っているはずだ。研修や現場で力を付けた社員が、今の職場で能力を持てあましてはいないだろうか。毎日、タバコの煙をくゆらせながら私は前途有為の若者を求めている。

２人だけの役員会

ＪＲ大阪駅を午前８時42分に出発する特急「サンダーバード」に乗ると、石橋信夫オーナーが療養生活を送る石川県・能登の石橋山荘に昼の12時15分に着く。１９９９年から約４年間、私は毎月、山荘に通った。最初は大和団地社長、後半は大和ハウス工業社長として役員会の直前に経営報告をしていた。

ひと通り報告を終えると、オーナーは「言わなあかんことを全部言うておくからな」と前置きして猛烈な勢いで話し始める。内容は軍隊時代から会社経営、親戚付き合いにまで及んだ。時にはわざと間違えて私に指摘させ、オーナー1人が楽しんでいることもあった。

「2人だけの役員会」は応接室と食堂を往復しながら続いた。最後は寝室に移り、オーナーは自分のベッド、私は傍らの介護用ベッドで延長戦に臨む。最長で午前3時半まで話し込んだこともある。オーナーが「もう寝よか」と言うと、ようやく打ち止めになった。

オーナーの体調がすぐれない日に能登を訪ねた。ところが、いつも通りに話が始まる。身の回りのお世話をしている人が不思議がっていた。私が帰ると急に具合が悪くなり、大変だったと後で聞かされた。別の時に関係会社の社長が、「社長は忙しいからファクシミリでやり取りできる、とオーナーから伝言を預かった」と言う。しかし私は、「もう一度来い」という意味だと解釈して山荘に顔を出した。案の定、オーナーから新しい指示が出た。

ある夜、オーナーは「身内にも外部にも一切、借りはないからな」ときっぱり言い切った。オーナーが亡くなられた後、「生前にお約束をいただいていた者ですが」という電話がかかってきた。仕事を回してほしいというのだ。私が「証拠を見せてください」と言うと電話はぷつりと切れた。オーナーは「会社は公器」という信念を貫いた。本当に身ぎれいな人だった。

ある日、「社名を大和ハウス工業から大和ハウスに変えてもええで」とオーナーが言った。私は「お金がかかるからこのままでいいです。初めて住宅の工業化をやり遂げた会社ですから『工業』を残した方がいいのでは」と返事した。オーナーはあきらめない。「いくらかかる」と金額を聞くので、担当者に試算させて「10億円」と伝えると、「そんなにかかるんか」と驚かれた。これで社名変更の話は終わった。

オーナーが聴覚を失った最後の2年間のやり取りは筆談だった。段ボール箱いっぱいの、オーナーとのやり取りを記したメモは、今も本社ビルにある私の執務室にちゃんと残してある。

本社と東京支社のビルは、１９９９年に相次いで完成した。いずれも旧国鉄清算事業団が保有していた土地だ。創業時、オーナーが旧国鉄へのパイプハウスの売り込みに成功したことが会社の礎となった。不思議な縁を意識せざるを得ない。「50年や60年で老朽化するようでは本物のビルとはいえない」というオーナーの考えに基づき、100年間は時代の変化に対応できるように環境と省エネ、健康、安全、品質を徹底的に追求した「100年ビル」だ。

安い深夜電力で氷をつくって昼間の空調に利用する「氷蓄熱空調システム」を装備した。ガスエンジンで発電し、廃熱も回収して再利用する「ガスコージェネレーションシステム」のエネルギー効率は80％に達する。空調設備から生じる排水や雨水を便器洗浄水に利用して、全使用水量の3分の1をまかなえるようにした。鋼管内をコンクリートで満たしたCFT（コンクリート充塡鋼管構造）を採用し、阪神・淡路大震災クラスの大地震にも耐える構造に仕上げた。こうした最新技術を2つのビルに盛り込んだ。

「将来のために出先を先につくる。本社は稼ぐ場所と違うからな」と言って、オーナーは営業の最前線に立つ支店の建て替えを優先し、大阪と東京を最後に回した。完成した時は、すでに足が弱って車イス生活だった。大阪本社の自室を訪れたのは10回程度、東京支社の部屋にはたった3、4回しか入っていない。もう先が長くないのを分かっていた。自分のためでなく、会社を永続させる布石として東西のビルを残したのだ。

オーナーは「本社のわしの部屋はしばらくそのままにしておいてくれるか」と言った。私はあわてて紙に大きな字で「オーナーの部屋は永久保存にします」と書いた。オーナーは満足そうにうなずいて、「東京の部屋は君が使ってくれたらええ」と言った。１年間はそのままにしておき、その後はありがたく使わせていただいている。

おまえは全然苦労をしていない

私と同じように毎月石橋山荘に通っていたのが、１９６３（昭和38）年に大和ハウス工業の顧問弁護士となり、１９９９〜２００５年は監査役を務めていただいた中坊公平《なかぼうこうへい》先生だ。「若い会社には若い弁護士がいい」とオーナーが考え、顧問弁護士をお願いしたのがきっかけだ。

オーナーは初対面の中坊先生を近くの定食屋に連れて行き、色々と質問をした。中坊先生のお父様も弁護士で、旅館も経営していると知ったオーナーは、「人の苦しみを解決するのが弁護士なのに、おまえは全然苦労をしていない。そんなことで困っている人を救えるのか」と指摘した。

中坊先生が「どういう苦労をすればいいでしょう」と尋ねると、オーナーは「一番いいのは留置場や。入ったことあるか」と言った。先生は「あります」と答えた。実は戦争中にコメの買い出しに行き、経済警察に見つかって没収されたことがある。せっかく買ってきたコメを取り上げられて頭にきた先生は、「これも一緒に持って行け」とその場に麦をぶちまけた。「公務執行妨害で宇治警察署に捕まりました。もう二度としません」と正直に打ち明けた。オーナーは「格好ええやないか」と言って相好を崩し、2人の長い付き合いが始まった。

その後、中坊先生は森永ヒ素ミルク中毒被害者弁護団団長や産業廃棄物不法投棄・豊島事件弁護団団長などを務め、日本弁護士連合会会長、整理回収機構社長などを歴任された。先生が体調を崩して入院した際、お見舞いに行くと入り口に警護官（SP）が立っていて中に入れてくれない。「入れろ」「入れない」で言い合っていると、中から先生が大きな声で「どーぞ」と招き入れてくれたのでやっと入れた。整理回収機構で手掛けた仕事の厳しさが垣間見えた瞬間だった。

ある会食の席で、小渕恵三首相（当時）が中坊先生に「あなたはずいぶん変わっているが誰から教育を受けましたか」と尋ねた。「能登で療養中の大和ハウス工業創業者、石橋信夫さんです」と答えると数日後、山荘にあの有名な「ブッチホン」がかかってきた。「首相からのお見舞い電話だったのに石橋オーナーは税制改正の注文を付けた」と言って先生は笑った。

「嫌われ役」に感謝の涙

中坊先生の直言は、何度も大和ハウスグループの危機を救った。「大和団地の様子がおかしい。至急、対策が必要だ」とオーナーに最初に進言したのは中坊先生だった。オーナーの長男で当時大和ハウス工業社長の石橋伸康さんに、「住宅は何千万円もの買い物なのにデザインが画一的なのはおかしい」と諫言《かんげん》したこともある。業績不振もあり間もなくオーナーは社長交代を決断したが、父親だけに言い出せない。代わって先生がオーナーの意思を伝えに行った。

私が大和ハウス工業社長になる時、オーナーは先生に「わしは社長と嫌われ役の両方を1人でやった。監査役として役員会で厳しく発言し、樋口の代わりに嫌われ役を引き受けてやってくれ」と頼んだ。役員会では私の隣が監査役に就いた先生の指定席。これもオーナーの指示だった。

先生からは「少々きつく言いますが、あなたを支えるためと解釈してください」と事前通告を受けた。闇雲にしかるわけではないが、先生が必要と判断した時は役員会で案件をひっくり返した。OBの役員から「大変らしいな」と声をかけられた。誰かがOBに泣きついたなと察した。オーナーの名代でやっているということを、ほかの役員は知らなかった。誰が好きこのんで嫌われ役を引き受けてくれるだろう。中坊先生にとっても、オーナーは絶対的な存在だったのだ。

オーナーが亡くなる直前の2003年2月、中坊先生が石橋山荘を訪ねると「もう1泊しろ」、さらに「もう1泊」と言われて計3泊した。死期を悟っていたのか、オーナーは車イス姿で玄関まで出て中坊先生を見送った。「また来てや」。「また来ます」。40年間、魂が共鳴し合った2人の最後のやり取りだった。

「役員間の意思疎通をよくするために、大阪本社15階の役員フロアにコミュニケーションルームをつくったらどうか」と提案したのも中坊先生だ。毎朝、役員が立ち寄り、自分でコーヒーを入れて雑談しながら忌憚のない意見を交わせた。しち面倒くさいルールなどないので決断などが素早く下せた。

ある有望な新技術について、役員会で新規事業として取り上げることを決めた。私は隣に座っている先生に、「現地を見ていただきましたか」と聞いた。先生はすぐ現地視察に出かけた。現地から先生の助言を受け、事業化を断念したことがある。山荘へおわびに行くと、「会社を潰す気か」とオーナーからたっぷり油を絞られた。

２００５年4月5日に本社で開いた永年勤続者表彰式の席で、監査役を退かれる中坊先生も特別に表彰した。表彰状を読み上げているうちに過去の色々な出来事を思い出し、言葉が出なくなった。社員の前で涙を流したのはあれが最初で最後だ。

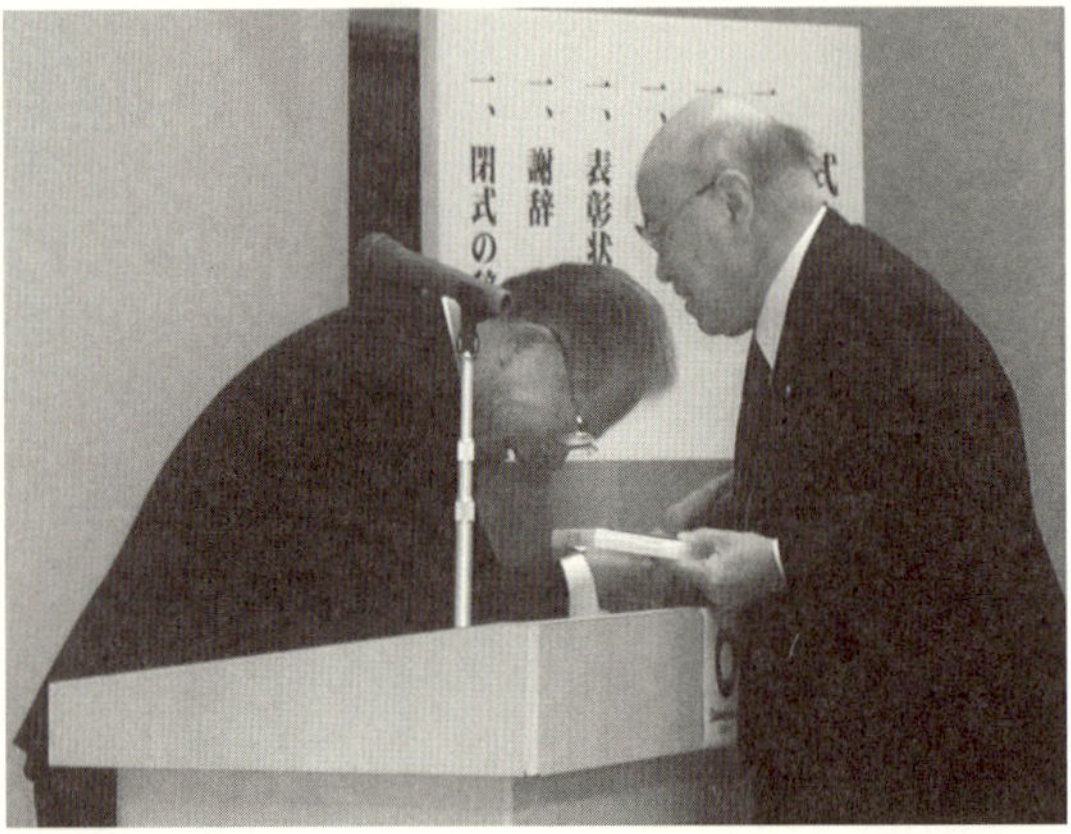

中坊公平監査役に表彰状を渡す際、感極まって号泣

遺影に誓ったV字回復

２００２年11月ごろ、石橋信夫オーナーが「大和ハウス工業は創業以来、赤字になったことがない。１回ぐらい赤字にしてもかまへん（構わない）ぞ」と言った。私は耳を疑った。オーナーは尊敬する松下幸之助氏の「赤字は社会悪」という言葉を信奉し、ずっと実践してきたからだ。

すぐ財務担当役員に電話し、ゴルフ場など固定資産の減損処理や退職給付債務関連費用の一括償却など全部ひっくるめた損失額を聞いた。返事は「１５００億円ぐらい」。４～５年で処理できるなと考え、「それ以上ないな」と念押しすると、「１週間ください」と言う。結局、全部ウミを出すと２１００億円に達すると分かった。小手先で処理していては時機を失する。２００３年３月期で一括処理すると腹をくくった。

３月上旬の山荘訪問でオーナーに報告し、了承を得ることにして、２月21日、高知支店での社員研修に出かけていた。教育を終えた午後7時過ぎ、本社から至急の電話が入った。不吉な予感がした。「オーナーがたった今、亡くなられました」。車で岡山駅に向かい、新幹線に乗り継ぎ、新大阪を目指した。

「社葬はするな。一日たりとも仕事を止めてほしくないいんや」と生前にオーナーは言っていた。「そういうわけにはいかんと思います」と食い下がったが、両手でバツをつくって拒否した。22日、オーナーのひつぎを納めた車は能登を出て滋賀のロイヤルホテルや奈良、大阪の事業所・工場・研究所などを回り、創業の地である大阪市浪速区日本橋を経由し、北区の本社ビルに到着した。本社とグループ会社の役職員約100人が整列してお迎えした。

弔問客があまりに多い。密葬の形ではあるが、24日に大阪・東住吉区の臨南寺で小規模な告別式をすることになった。長男の石橋伸康さんから弔辞を頼まれた。葬儀会社は「密葬で前例がない」と反対する。「前例をつくればいいやろう」と押し切った。

「送る言葉」をちゃんと言えるだろうか。自宅で部屋にこもり幾度も練習した。だが「教え子の一人として、今こうしてまぶたを閉じれば、ご教授いただいているシーンが走馬灯のように浮かび上がり、その一言一句がありありと頭の中によみがえって参ります」という箇所にさしかかると、涙があふれる。私は男泣きに泣いた。

何とか無事に弔辞を読み終えた告別式の翌日、本社ビル15階のオーナーの部屋に入った。大きな遺影が掲げてあった。私は遺影に向かって、「1発でやらせてください。二度と赤字にはいたしません。必ずV字回復をなし遂げます」と報告した。

4月30日、２００３年３月期の連結最終損益が９１０億円の赤字になると発表した。特別損失２１００億円を一括処理し、創業以来初の赤字に転落した。「赤字にしない方法もあったはず」と新聞記者から質問を受けた。私は、「含み損を数年に分けて処理するのは、重荷を背負い足かせを引きずりながら経営を続けるようなもの。配当が減り、賞与も伸びなくては株主も従業員も将来への夢が持てない」と答えた。

5月1日、私は朝から株価の動向を注視していた。７２０円で始まった大和ハウス工業の株価は一時、７１４円まで下げた。そこで株価が反転した。1日は前日比35円高で引け、翌2日には７７７円の年初来高値を付けた。営業利益は出ている。負の遺産を一掃したことで業績回復に弾みが付くと市場は評価してくれた。

石橋信夫オーナーの部屋に置かれた遺影と筆者

尽きない知恵の泉

大和ハウス工業に資材を納めている約３００社の皆さんとの会合に出席するため、羽田空港から能登空港に飛んだ。空港を出て車で会場に向かう途中に突然、「わしの記念館はどうなっとるんや」というオーナーの声が聞こえた。空耳かと思ったが、能登は亡くなったオーナーが晩年を過ごした土地。思いがこもっている。放置はできない。

会合の冒頭で、「先ほど不思議なことがありました。亡き石橋信夫オーナーの声がしたのです」と告げた。一瞬で会場が静まった。「オーナーから記念館のことを聞かれました。皆さんにお伝えします。奈良市の総合技術研究所内に石橋信夫記念館を建てると決心しました」と続けた。本社に「企画しろ」と指示を出したのは会合が終わってからだった。

大和団地が初めて開発した住宅団地、羽曳野ネオポリスの中にオーナーの自宅はあった。庭石や灯籠、桜の木を記念館の中庭に移した。開館式は２００７年４月５日。この日を待っていたかのように桜の花が咲いた。やはり、オーナーは記念館を願っていたのだ。

自宅と能登の石橋山荘にあった品々で、オーナーの足跡をたどれるようにした。子供のころの遊び道具は一升瓶を使った魚とりの道具。中にサナギを入れて川に沈めておくと小魚がとれたという。幼いころから工夫が大好きだったことがうかがえる。アユ釣りのさおも自作している。最晩年までアユ釣りはオーナーの一番の趣味だった。アユを食べるのも大好き。福岡支店長時代に、博多・中洲のアユ専門店でアユ尽くしを出してもらったら大喜びしていた。

「意気軒昂　北に向かって前進す。　ありがとうございました。　さようなら」と書いた一筆箋も展示した。覚悟を決めて戦地に向かったのだ。1944年2月、中国黒竜江省の孫呉という町で速射砲隊の小隊長として演習訓練中に、1トンの砲車を積んだ馬ぞりが暴走しオーナーの背中に激突、脊髄損傷で下半身がまひして野戦病院に入院。その後、大連の陸軍病院に転院した。その間に速射砲隊はグアム島とレイテ島に転戦し、ほとんどが戦死している。

絶望の淵にいたオーナーに対し、夫と子供を亡くした大野ツギエ看護師が、「死ぬのは簡単だけど、生きるのは難しい」と言って励ました。新しく着任した水上哲次軍医はドイツの原書を参照し、脊髄に食塩水とビタミンBを注射する治療法を試みる。足の感覚が戻り、親指が動いた。1年半の闘病生活で奇跡的な回復を遂げ、原隊に復帰するも、敗戦後、シベリアで抑留されてしまう。

禍福はあざなえる縄のごとし、という。オーナーの人生では、まさに災いと幸福が交互に繰り返した。あの強靱な精神力、決断力、行動力の多くは軍隊での経験に根差したものだった。

細かい字でびっしりと書き込んだ手帳が残っている。15項目にわたって支店長への指示を列挙した箇所を開いて展示してある。厳しい内容だ。これを見れば、社員はみな気合が入るだろう。

手帳には色々な使い方がある。「昔、得意先を訪問した時にわざと手帳を置き忘れてくるOという部長がいてなぁ」とオーナーが教えてくれた。手帳だから名前も連絡先も書いてある。心配して先方が館内放送で「大和ハウス工業のO部長」と呼び出してくれる。すると、「ありがとうございます」と礼を言ってもう一度、同じ相手を訪問する口実にした。

開館記念式典のテープカットの様子

石橋信夫記念館全景

いつも熱心に通って来るなと、呼び出しの放送を通じて得意先の全社員に印象づけることもできる。置き忘れる手帳には、もっともらしいことが書いてあるがダミー。中を見られても商売には影響しない。「あいつは何冊もダミー手帳を持っていた」とオーナーは笑った。

「勘が先で、理論は後や」「安定成長ほど、危険なものはない」「規制緩和が、建築技術を生かす」「21世紀、住宅建設は80万戸になる」。オーナーが残した言葉は恐ろしいまでに正鵠を得ている。２００９年度の新設住宅着工戸数は45年ぶりに80万戸を割り込む77万５２７７戸だった。２０１１年度は若干盛り返して84万１２４６戸だが、直近のピークだった１９９６年度の半分にとどまる。

石橋信夫という大人物は、汲めども汲めども尽きることのない知恵の泉だった。今日、大和ハウス工業という会社が存在するのは石橋オーナーのおかげだ。２兆円企業になろうが、10兆円企業になろうが、私たちは創業者への敬愛の念を受け継いでいく。

第6章
停滞は後退だ

海外へ攻勢

生前、石橋信夫オーナーは、「おれが死んだら同じようにしてくれ」と言っていた。「会長兼CEO（最高経営責任者）でよろしいですね」と確認した。横文字が嫌いなオーナーは返事をしない。もう一度確認した。「同じようにしてくれと言うてるやろ」とかんしゃく玉が破裂した。

オーナーが亡くなった翌年の2004（平成16）年4月、指示に従って代表権のある会長兼CEOに就任した。後任社長は村上健治専務を昇格させた。村上社長は頑張った。就任時に、1兆2246億円だった連結売上高を2008年3月期に1兆7092億円まで伸ばした。だが、その後はリーマン・ショックなどによる市況低迷もあり、伸び悩んだ。「停滞は後退」というのがオーナーの持論。2011年4月、大野直竹副社長を社長に昇格させた。村上社長は副会長に据え、グループ会社の強化を託した。2012年4月から、村上副会長は旧上場子会社のダイワラクダ工業と大和物流の会長を務めている。

私と大野社長とは28年間の付き合いになる。大野社長がまだ静岡支店建築営業所長だった時からだ。月初の目標を一度も狂わせたことがないのが印象的だ。とにかく数字に強い。大野社長に、「今月の経営数字はいくらだ」と尋ねたことはない。こちらが聞く前に報告があり、早めに対策を講じている。石橋オーナーから直接の薫陶を受けた、数少ない現役の一人でもある。

私たちには、創業100周年で売上高10兆円の企業グループという大目標がある。大野社長の就任時に、「3年で売上高2兆円頼むで」と言った。「最初からプレッシャーがきついですな」と言いつつも、「必ず達成してみせます」と力強い決意をみせてくれた。

2015年度には売上高2兆5000億円を目指す。会社の針路がどうあるべきかは6つの基準で判断する。お客様、会社、社員、株主、社会、将来にとっていいことかどうかだ。これを満たしている限り大きな狂いはない。

若手社員にどうやって10兆円を達成するか聞くと、大半が「主力の住宅事業を伸ばして」と答える。しかし、日本の国内市場だけでは絶対に届かない。どうしても海外市場を伸ばす必要がある。内需を3とすると外需は7だ。

オーナーは、「歴史を勉強したらええで」とよく言っていた。宗教が発端の暴動や戦争は世界各地で起こっている。世界に進出するには、その国の文化や宗教を含めた歴史的背景を知らねばならない。本を読むのが近道だ。こんな時は、若い時に速読法をマスターしておけばよかったと思う。今からでは間に合わない。私は、オーナーから教わった時短読書法を実践している。本を読む時に目次と最初の50ページ、後書きを含めた最後の50ページを精読し、残る真ん中は斜め読みする。最後に便箋1枚のまとめをつくれば完璧だ。

海外市場の中でも中国市場は重要だ。オーナーは１９７２（昭和47）年の日中国交正常化時点から中国製の絨毯《じゅうたん》や竹ぼうきなどを輸入し、早くから良好な関係を築いた。おかげで１９８３年には上海に32棟の住宅を輸出・建設し、今では遼寧省・大連や江蘇省・蘇州で分譲マンションを販売するなど、大規模な事業展開ができた。

現地では図面を見せ、細かい施工手順まで指導する。その技術を習得した施工会社は中国で人気がある。「技術が盗まれる」と心配する声もあるが、「気にするな。もっといい技術を開発しろ」と言ってある。２０１２年5月16～19日は、日中建築住宅産業協議会の会

日系企業として初めて独自資本で開発した
中国・蘇州の「グレース・レジデンス」

長として100人規模の訪中団を組織し、北京と大連を訪問した。

2011年7月には、提携先である中国の宝業集団と共同開発した工業化住宅が「建設業界科技成果評価書」を取得した。中国全土で、筋交いを用いた「ブレース式軽量鉄骨住宅」を建設できるようになった。開発チームには「石橋信夫賞・特別賞」を贈って表彰した。

海外展開のカギは英語だ。2011年1月の年頭訓示は英語でやった。「レディース・アンド・ジェントルメン」と言うとドッとわいた。その後も英語で続けると、会場はしーんと静まりかえった。私が英語力強化に真剣だと分かったからだ。出張先のホテルで隣室に聞こえないように練習し、正月の家族旅行の時に総仕上げした努力の結晶だった。

当初は、大阪弁がペラペラというハンガリー人の女性から、月3回ほど個人授業を受けていた。後に大阪府立高校の先生となった彼女から、「私の生徒も会長ぐらいまじめならええのに」と言われると、お世辞でもうれしい。2012年の年頭訓示は前年の2倍で便せん2枚分。「エブリバディ・グッドラック」と結んだ。拍手も前年の2倍だった。今年度からは新たに英国人の先生を迎えて、2013年の年頭訓示はさらに分量を増やした。

If leaders can't do that, management speed declines.
This is the so-called "Daikigyo-byou (大企業病)."

I hope that the Daiwa House Group will be called a "Great Company" in both name and reality.
Therefore, "Don't ignore the small things and do naturally what you have to do."
I expect everyone to maintain "Bonji-Tettei (凡事徹底)," and work on self-improvement.

Above all, I would like leaders to learn the "four characteristics" and the "four powers."
The "four characteristics" are fairness, unselfishness, ambition, and responsibility.
The "four powers" are foresight, leadership, judgment, and humanity.

Finally, I hope that you will achieve major growth in the New Year.
And I wish you every success.

Thank you for your attention.

Good luck!

Ladies and gentlemen, A Happy New Year!
I am very pleased to give you this New Year's greeting.

Daiwa House Group is now on its Third Medium-Term Management Plan with the "3G Strategy."

We will achieve the Plan's goals this fiscal year, in only its second year.
In this fiscal year, we also expect the highest net sales and profits in our history.

I wish to express my thanks to all of you.

Our next goal will be to achieve net sales of 2.5 trillion yen and an operating income of 150 billion yen by our 60th anniversary in 2015.

But, these targets are just stepping stones.
In 2055, our 100th anniversary, our target is net sales of 10 trillion yen, and we will achieve this.

For our company's growth, we must develop excellent human resources.
And the organization must be highly motivated, too.

I am very happy to hear that the motivation of everyone in the Daiwa House Group is very high.
However, even though things are going well for us,
we must always act with caution and speed.

When you make decisions, please check that you follow these six points.
Check that the results of your decisions are good for customers, the company, employees, shareholders, society, and for the future.
We must always make good decisions and take immediate action.

2013年１月の年頭訓示

10兆円へ分野を超えて突進

２０５５年に売上高10兆円の企業グループというゴールははるかに遠い。到達するための指針として私は「ア・ス・フ・カ・ケ・ツ・ノ」を掲げた。経営の大前提となる「安全・安心」、大和ハウス工業の伝統精神「スピード」と、新しい事業領域の「福祉」「環境」「健康」「通信」「農業」を指す。

福祉や健康はシルバーエイジ研究所が先鞭を付けた。私は新製品が欲しかった。病院に行った時、待合室が検査待ちの患者さんであふれているのを見て、自宅のトイレで生活習慣病のチェックができないものかと思いついた。ＴＯＴＯの重渕雅敏社長（現相談役）に「技術屋さんとして興味はないか」と持ちかけると、「面白い」と共感していただいた。

その成果が、２００５年４月に発売した「インテリジェンストイレ」だ。測定器で尿糖値を調べ、トイレの壁と床には体脂肪計と血圧計、体重計を組み込んだ。これだと簡単に健康チェックができる。遠からず、住宅内で蓄積したデータはクラウドやインターネットの技術で医療機関に転送できるようになるだろう。

２０１３年1月から、寝たきりの高齢者などの排泄を支援するロボット「マインレット爽《さわやか》」を、福祉機器のレンタル事業者等へ販売し始めた。被介護者の下半身におむつのような専用カバーを装着し、排泄物を吸引し、温水洗浄する。ロボットを開発したベンチャー企業にも出資し、筆頭株主になった。

試作機をモニター用に貸し出し、期間が終わって回収しようとしたところ、先方からは、「なんとかこのまま使わせてもらえないか」と強くお願いされたと聞いた。短いモニター期間の間に日々の暮らしに欠かせない機器となっていたのだ。先方の事情も考慮して、引き続きモニターとして使っていただいている。２０１２年12月には、私自身も体験し、改善・改良点も指摘した。各領域を組み合わせれば、ビジネスチャンスは無限だ。

石橋信夫オーナーは、「21世紀は風と太陽と水の世紀だ」と説いた。これを受け、１９９９年には１００％子会社の大和エネルギーが設立された。風力発電や太陽光発電、企業の省エネルギー支援、高度水処理などを手掛ける。

水は食糧問題、農業とも直結する。大和ハウス工業は建築の工業化で大きくなった会社だ。今度は、植物工場ユニット「アグリキューブ」を手始めに農業の工業化に取り組む。やがてコメや麦を工業生産できる日も来るだろう。

このほかにも「スポーツクラブNAS」を買収し、介護・福祉用自立支援ロボット開発ベンチャーの「サイバーダイン」に出資、電力小売会社の「エネサーブ」を完全子会社にした。京セラ、ナベショーと組んで発光ダイオード（LED）照明も開発した。

トヨタ自動車の奥田碩《ひろし》相談役（当時）から、「ものすごいスピードで新規事業を展開しますね。やることが早い」と言われた。私は、「スピードは中小企業の命。スピードは最大のサービスと創業者は常々言っておりました」と答えた。「売上高が1兆6000億円あれば中小企業ではないでしょう」と言われたので、「世界に10兆円企業は何十社もあります。グローバルな物差しで見ればまだまだ中小企業です」と返事をした。会社が大きくならないと、社員は会社や仕事に対して夢を抱くことができない。だから休まずに次々と新規事業を繰り出す。

新設住宅着工戸数が減っていくのは自明だ。既存住宅のリフォーム需要はこれから高まっていくだろう。リフォーム事業拡張の担い手として、地域に根を下ろしたホームセンターもこれからまだまだ成長の余地がある。グループ内の「ロイヤルホームセンター」だ。以前は社内研修で、「あらゆる業種のリーディングカンパニーの数は３プラスマイナス１になる」と言ってきた。だが、今は「２プラスマイナス１」の時代に入っている。家電量販大手のヤマダ電機は２０１１年以降、住宅メーカーのエス・バイ・エルと住設機器のハウステックホールディングスを買収した。住宅分野、リフォーム事業も安閑とはしていられない。業種を超えた大競争時代の到来だ。

２００７年に、流通店舗事業30周年を記念して感謝の集いを東京都内のホテルで開いた。全国の支社や支店が持つ土地オーナーに関する情報と、店舗進出を計画するテナントを結びつけ、施設の建設まで請け負う事業だ。大手建設会社も追随したが、撤退してしまった。おじいさんの代から付き合いが始まり、今は３代目と取引をしているといったケースも珍しくない。

「流通店舗事業」は石橋オーナーのアイデアで１９７６年から展開、翌１９７７年には正式に「流通店舗事業部」が発足した。当時は「流通店舗」などという用語はなく、「店舗建築部」と名前を付けて立ち上げようとした。それを知ったオーナーが、「流通店舗と言うたやろ！」と爆発した。今や流通店舗は一般名詞となった。恐るべき洞察力である。

衣服、メガネ、ドラッグストア、ファミリーレストラン、コンビニと幅広い業種のテナント企業と、土地オーナーが一堂に会する会合は盛会だった。テナント企業を代表して「ユニクロ」を展開するファーストリテイリング創業者の柳井正《やないただし》会長兼社長があいさつしてくださった。大和ハウス工業は２０１２年から台湾でも流通店舗事業を始めた。ユニクロの快進撃を見ても分かるように、この分野はまだまだ伸びる。「建築市場は飽和し、成熟している」などという逃げ口上を私は許さない。

商品は3年後には墓場へやれ

石橋オーナーは若いころ、三洋電機創業者の井植歳男《いうえとしお》さんを囲む勉強会「井植学校」の生徒だった。その縁もあって、三洋の元社長で当社社外監査役の桑野幸徳《ゆきのり》さんから技術的な助言を得ている。世界最高の変換効率を誇る太陽電池の研究開発を指揮した「ミスター太陽電池」の桑野さんが、「電気をつくる技術は進歩したが、ためる技術は遅れている」と言う。

蓄エネに商機があるという示唆を受け、私はリチウムイオン電池開発のベンチャー企業、エリーパワーへの出資を決め、大和ハウスグループが筆頭株主となった。吉田博一社長は住友銀行（現三井住友銀行）の元副頭取で、慶應義塾大学の教授として「エリーカ」という電気自動車の開発プロジェクトに関わる過程でリチウムイオン電池の将来性に着目し、起業したという異色の経歴を持つ。

エリーカの開発にも協力した。財界の方々から「住宅メーカーが自動車をやるのですか」と聞かれ、「自動車メーカーで住宅をやっている会社もある」と返事した。みな驚いていたので「冗談やがな」と言ってその場を収めた。

2011年、エリーパワーのリチウムイオン電池と太陽光発電を備えたスマートハウス「スマ・エコ　オリジナル」を発売した。家庭内の電力消費を〝見える化〟し、蓄電池を制御するエネルギー管理システムと組み合わせて節電する。地震などで停電すると自動的に放電し、照明や電化製品が使える。

2012年6月13日、川崎市でエリーパワーは新工場の完成式典を開いた。年間100万個のリチウムイオン電池を製造でき、既設の製造設備との合計で年産120万個体制が整う。あいさつで、私は石橋オーナーの「販売なくして企業なし」という言葉を紹介した。ベンチャー企業は初期の営業活動が難しい。大和ハウス工業はエリーパワーをしっかりと支えていく。

2011年1月に子会社の大和リースが開発した災害時緊急支援コンテナ「EDV—01」は、地震が発生した際に電気や水などを自給自足し、大人2人が約1カ月間生活できる。長さ約6メートル、高さ約2・6メートル、奥行き約2・4メートルのステンレスコンテナは油圧で外壁が上昇し、4分半で2階建てになる。太陽電池と燃料電池で発電し、起こした電気はエリーパワーの蓄電池にためる。空気中の水蒸気を集めて1日に20リットルの飲料水をつくりだす。トイレは排泄物を微生物で分解するために水を使わず、臭いもしない。衛星通信機能やキッチン、ベッドも備えている。

2011年7月に、建築やファッションなど日本の最先端のデザインと技術を紹介する

エリーパワーの吉田博一社長（左）と

「リトル東京デザインウィーク」が米国ロサンゼルスで開催され、そこに出展した。黒山の人だかりで大変な人気を博した。まだ1基数千万円近くするため、実用化には時間を要する。けれども、何とか日の目を見るようにしたい。EDV—01は世界中の人にとって役に立つ商品だからだ。

オーナーは「商品は3年後には墓場へやれ」と言って不断の技術開発と改良を求め、「企業の寿命は30年、次を背負う事業をつくれ」と繰り返して新規事業の創出を促した。世の中に存在しなかった新商品「パイプハウス」で創業した大和ハウス工業は、永遠の開発型ベンチャー企業であり続ける。

建築を祖業とする会社がエネルギー関連から健康・介護、農業まで手掛ける様子は、外部から見れば不思議に思えただろう。トヨタ自動車の奥田碩相談役が言った。「樋口さん、おたくは何屋さんを目指しているのですか」。世の中に必要とされている新技術、新商品は従来も、そしてこれからも成長の原動力だ。

スピードこそ最大のサービス

２０１１年3月11日は東京に向かう新幹線の中にいた。京都駅を出てしばらく走ると列車が突然停止した。腕時計の針が午後2時46分を指していた。しばらくすると、車掌が「大きな地震があり、津波の被害も出ています」と短くアナウンスした。地震発生を伝える新幹線の車内放送に、乗客は一斉に携帯電話を取り出した。誰もつながらない。

大変な事態が起きていると直感した。隣席の男性が、ワンセグ機能を使って携帯電話でテレビ中継を見始めた。隣の小さな画面を横目でちらちらとうかがった。列車は少し動いてはすぐ止まる。4時間も缶詰めになった。岐阜羽島駅で運良く接続した下りの新幹線に乗り換え、新大阪駅に戻ったのは暗くなってからだ。

阪神・淡路大震災の経験を生かし、全社の組織が即座に動き始めた。震災当日の午後3時には災害対策本部を設置し、同6時には第1回会議を開いて社員の安否確認と現状把握を進め、今後の対策も練った。翌12日には施工業者や設備業者で構成する「協力会連合会」の会長が四国から本社に駆けつけ、「我々にできることはありませんか」と申し出てくださった。

私たちはこれから建築の要請が相次ぐであろう仮設住宅を建てるため、すぐさま「DASHプロジェクト」を立ち上げた。大和ハウスグループのD、アクションのA、スピーディーとセーフティーのS、ハートフルのHだ。その結果、物流網が寸断する中、3月19日に岩手県陸前高田市の市立第一中学校校庭で最初の仮設住宅36戸を着工できた。着工から完成まで3週間のフルスピードで工事を進め、最終的にはグループ全体で1万1000戸を超える仮設住宅を設置できた。

被災地で震度が7～5弱のエリアにおける大和ハウス工業の総施工物件数は15万7100件。住宅が10万3682件と3分の2を占め、残りがアパートやマンション、店舗、工場、事務所などだ。「被災地の全顧客に連絡しろ」と指示した。

被災地には、一刻も早く仮設住宅を建設しなければならない。私は住宅関連の業界団体でつくる住宅生産団体連合会の会長として、3月14日、副会長を務める住友林業の矢野龍会長、積水ハウスの和田勇《いさみ》会長兼ＣＥＯ、三井ホームの小川修武《おさむ》会長（当時）たちとともに大畠章宏《おおはたあきひろ》国土交通相（当時）に時間をとっていただいた。大畠国交相は開口一番、「2カ月で3万戸を建ててほしい」と切り出した。大混乱の中、必要戸数は膨らみ、誰も正確な数を読み切れぬまま見切り発車で6万２０００戸分の資材を手当てした。

実は、足りないのは資材ではなく仮設住宅の建設用地だった。自治体による用地確保が難航する間に、仮設住宅完成を待たず民間賃貸住宅に入居する人が出始めた。これを自治体が「みなし仮設」とするのを厚生労働省が認めた結果、民間賃貸への入居が進み、仮設住宅の必要戸数は約４万３０００戸に下方修正された。

私がプレハブ建築協会の会長だった２００４～２００９年の間は、毎年のように災害出動した。仮設住宅の出番は多い。機動的に対応できるように、大畠国交相に「仮設住宅用資材を国で備蓄する仕組みをつくってください」とお願いした。大畠国交相が辞められた後は、前原誠司政策調査会長（当時）に同じお願いをした。

仮設住宅の1戸あたりの予算は阪神・淡路大震災の時と同じで、定められた仕様に基づいて建設する。東日本大震災の被災地は関西よりもずっと寒い。一応、寒冷地仕様になっ

東日本大震災被災地の仮設住宅建設現場で指示する筆者
（右から３人目）

ているが、冬になって追加の断熱工事が必要なところが出てきた。被災者のために納期に間に合わせることに全力を注いだ。石橋信夫オーナーが言った通り、スピードこそ最大のサービスだった。

２０１１年５月、東京大学高齢社会総合研究機構から、南北に配置した２棟の仮設住宅の玄関を向かい合わせにし、その間を屋根付きのウッドデッキでつなぐ「コミュニティーケア型仮設住宅」のアイデアについて説明を受けた。これだと「向こう三軒両隣」の入居者と親しくなれる。阪神・淡路大震災の仮設住宅で独居老人の孤独死が多発したような悲劇は防げるはずだ。被災者のアンケート調査でも、「こういう仮設住宅に住みたい」という声が多かったという。

ただ、仮設住宅の配置を決めるのは県。各戸の日当たりを平等にするために、事実上は玄関を北にして１棟ずつ東西に平行配置するのが決まりだ。そこで、「アンケート結果を持って地元の市長に会い、県と交渉するように頼んではどうか」とヒントを伝えた。

東京大学の研究者が岩手県釜石市の野田武則《たけのり》市長に話を持ちかけると、「モデル事業でやろう」と即決し、その場で岩手県の担当部署に電話して提案が採用されたという。同じ仕様の仮設住宅は同県遠野市にもある。いかに決まりがあっても、実際に住む人に喜んでもらえることが一番だ。

被災者で家族や家を失った方は多い。住宅ローンが残ったままで不安も抱えておられることだろう。国は「ユートピア（理想郷）」を図面で示し、被災者が未来への夢を持てるようにすべきだ。

ユートピア構想でお手伝いできることはたくさんある。私案もまとめた。仮設住宅で4年ほど辛抱していただいている間に、国有地の山や高台を特区に指定し、大規模住宅団地を整備する。電線を地中に埋設した無電柱の街に、小中学校から老人ホームまで整備し、老若男女が一緒に暮らす街づくりを進める。津波が押し寄せた沿岸部は原則として緑地帯にし、一部は漁業用の荷さばき場にして漁業復興につなげる、などだ。

第7章
夢に向かって

「運のいい人」たちとの付き合い

２００５（平成17）年3月に大阪商工会議所の副会頭に就いた。当時の野村明雄会頭（現大阪ガス相談役）から声をかけていただいたからだ。私は、「大阪に生まれ育った会社として恩返しをしなければならない」と考え、お引き受けした。

その後、野村さんの後任会頭に推す声もあった。私は２００９年から住宅生産団体連合会の会長を務めている。住団連は石橋信夫オーナーが住宅業界首脳とともに設立に尽力した組織で、私にとって特別な団体だ。両団体の長を兼務して、もし行事が重なれば片方を欠席せざるを得ない。「大商を優先すれば住宅業界に義理を欠き、住団連を選べば大商会員の中小企業を軽んじることになる」と考え、丁重に辞退させていただいた。

私とほぼ入れ違うような形で副会頭を退任されたのが、カネカの古田武《たけし》相談役（当時）だ。関西学院大学経済学部卒業で、同じ関学で法学部卒業の私を何かとかわいがってくださった。カネカの繊維事業を立て直した実績があり、そのお話は本当に勉強になった。シャープの町田勝彦相談役は私と同じく現職の副会頭だ。太陽光発電などハイテクについての発言はいつも示唆に富んでいる。シャープ堺工場内で仕事をする会社の事務所棟も大和ハウスグループで担当させていただき、大切なお客様でもある。

2007年の初めごろだったろうか。新幹線名古屋駅ホームの喫煙コーナーで、住友金属工業（現新日鐵住金）の下妻博会長（当時）と出くわした。関西経済連合会の会長就任が新聞で取りざたされていた下妻さんに、「いいかげんに受けてあげたら」と言った。「ああいうお堅い立場は苦手だ。性に合わない」と下妻さんは話していたが、しばらくして関経連会長就任が内定した。私が背中を押した格好になったのかもしれない。電話で「とうとう引き受けたんやな」と言った。住友の名において引くに引けなかったのだろう。

私が下妻さんと知り合ったのは、本社の資材部課長時代だ。向こうが1歳年長の売る側で、私は買う側だった。妙に馬が合った。2人ともきれいごとが嫌いで、言いたいことを言う。愛煙家でタバコが手放せず、アルコールが苦手なのも同じ。かれこれ40年以上の付き合いになる。会食するとお酒抜きで3時間ぐらい話し込む。

住友金属工業の下妻博会長（当時、右）と

2001年8月に母が亡くなった時は密葬にし、数日後に記事が掲載された。香典はすべて辞退した。ところが下妻さんが香典を送ってきた。「受け取れない」と連絡したが、「長い付き合いだ。水くさいことを言うな」と譲らない。結局、下妻さんの香典だけは頂戴した。

関経連副会長であるダイキン工業の井上礼之《のりゆき》会長とも親しくさせていただいている。井上さんはオーナー家の山田稔さんの後を受けて社長になり、エアコン事業のグローバル展開で業績を大きく伸ばした。大和ハウス工業の住宅は工業化しているが、現場での施工もまだ多く、人手を要する。エアコンは完成品で、極論すれば代理店に任せられる。井上さんがうらやましい。研究開発部門にはとにかく新技術を盛り込み、手離れのいい完成品を開発しろと指示している。

石橋オーナーは「運のいい人と付き合ってくれ」と言った。本当にすばらしい方々と出会うことができた。数々の貴重な縁を結ぶことができた私が一番幸運な人間だ。

戦士の体を維持

風呂に入る時は必ず鏡を見る。70代になり、胸のあたりの筋肉が少し下がったように見えた。「これは戦士の体ではない、闘争心が欠けた時は第一線を退く時」と思い、筋トレに本腰を入れた。現在も続けており、自宅に6キロのダンベルを2つ用意し、手に持って15～20分間は前後左右に動かし続ける。その次はスクワット。はやりの「ロングブレスダイエット」も取り入れた。ゆっくりと長く呼吸することで代謝のいい体をつくる。

エキスパンダーのように伸ばして筋肉を鍛えるゴム製の器具もある。これは出張先にも持って行く。私はほとんど酒が飲めない。ウーロン茶で過ごすか、飲んでも焼酎1に湯が9という薄いお湯割りに梅干しと昆布を入れたものを1杯だけだから、宴席は午後9時半には終わる。2次会でカラオケが用意されている時は開始時刻を少し早めにしてもらい、やはり9時半終了だ。あとは自宅やホテルの部屋で筋トレに励む。びっしょりと汗をかいた後、シャワーを浴びれば実に爽快。気分をリフレッシュできる。

休日に時間があれば1時間か1時間半は歩くようにしているが、ゴルフの予定が入ることも多い。ゴルフ場ではカートに乗らず、なるべく歩いて回るようにしている。夏場はみんながビールを注文した時、私だけはかき氷の宇治抹茶ミルク金時を頼む。カロリー満点だが、汗をかくから2キロぐらいはすぐに体重が落ちる。

「ゴルフを始めたのは31歳、購買課課長代理の時だ。取引先の方から「ゴルフぐらいはできないと」と言われたからだ。初めてコースに出て、その場で色々なマナーを教えてもらった。カートにも乗らずクラブ3本だけを持ってひたすら走った。クラブの振り方もろくに分からない。幼いころから運動は大の得意だったのに、161もたたく屈辱的なスコアだった。

あまりに悔しくて、仕事を終えた後、5番アイアンだけを持って週に1、2回ほど大阪・難波のゴルフ練習場に通った。当時は隣にプロ野球の南海ホークスが本拠地を構える大阪球場があった。練習場に着くと、上手そうな人の後ろに立ってじっと見つめ、打ち方を覚えた。まねをしながら徐々に自分なりのスイングをつくった。ゴルフボールと一緒に土もえぐり取るつもりで、地面にぶつけるように毎回２００球は打った。そのうち、練習場の一番奥に掲げてある１８５ヤードのマークまで飛ぶようになった。間もなく５番アイアンがヘッドのところでポッキリと折れた。

自宅ではピンポン球を使ってサンドウェッジの練習をした。クラブを振り上げるタイミング、振り下ろすタイミング、間の取り方を学ぼうと何回も繰り返した。最後には床に敷いた絨毯が擦り切れた。

最盛期は57歳のころ。大和団地の社長になって3年目だった。ある大きなゴルフ場の理事長杯に出て決勝まで進んだ。参加者の名簿を見るとみんな自営業の経営者ばかり。こちらも肩書は社長だが、勤め人は私だけだった。ドライバーを振り抜くとボールが２段階でぐいぐいと上向くように飛んで行く。絶好調だ。あと少しで優勝に手が届く。「ゴルフ場の銘板に名前が残せる」と思った瞬間、手元が狂った。一気にスコアが崩れ、優勝は果たせなかった。人間、欲をかくとろくなことがない。

石橋信夫オーナーもゴルフが好きだった。「パターが決まらなくてなぁ」「ドラコンをとってなぁ」と楽しそうに言っていた。「樋口君はゴルフがうまいらしいな」と声をかけられたこともあるが、一緒にコースを回ったことはない。一度だけチャンスがあった。「今度の日曜日は空いていますか」と秘書に聞かれた。オーナーと回るメンバーに欠員が出たらしい。残念なことに日程が合わず、オーナーとの思い出のラウンドはかなわなかった。

ゴルフがくれた人生の彩り

奈良市に「奈良国際ゴルフ倶楽部」という名門ゴルフクラブがある。大和ハウス工業は法人会員で、名義はオーナーだった。大和団地が黒字転換した時、オーナーは「名義を君に変えておけ」と言った。すぐには手を付けず、3回言われたら変更しようと考えた。その後も役員会で「名義を変えたか」と聞かれたので、「いま手続き中です」と返事した。しばらくすると、また「もう名義変えたか」と聞かれたので、いよいよ変更した。次の役員会で「ありがとうございました」とお礼を言うと、オーナーは上機嫌だった。

60歳でハンデがシングルになり、69歳まで維持した。ただし最後の2、3年はシングルの力はなかったように思う。70歳を迎える年にハンデが10になり、半年後に11、その半年後に13、さらに半年後に15となった。現在もハンデ15をキープしている。今もドライバーは200ヤード以上飛ぶ。シミュレーションゴルフだと250ヤードだ。1938（昭和13）年生まれということを考えれば上等なのだが、まだまだ満足はしていない。

ゴルフでインパクトの瞬間に歯を食いしばると筋力が5〜10％増し、歯のかみ合わせは運動能力にも大きな影響を及ぼすという話を聞いたことがある。幸いなことに私の歯はすべて自前だ。神経が通っていないのは2本だけ。仕事が忙しくて歯医者に行く時間を惜しみ、塩をかみしめて我慢していたら神経がだめになってしまった。とはいえ入れ歯とは無縁。丈夫な歯を与えてくれた両親のおかげだ。

2012年3月に、大和ハウス工業は女子ゴルフの大山志保プロと所属契約を結んだ。2006年の賞金女王に輝いた選手だ。大きなけがから復活を遂げた前向きな姿勢に感銘を受けた。プロゴルファーへの道を開いてくれたご両親への感謝を忘れず、家を建ててその恩に報いた。その仕事を大和ハウス工業が頂戴できたのは光栄だった。

大山プロは2012年10月の「富士通レディース」では首位と5打差の8位タイで最終

日を迎え、ギャラリーから大声援を受けた。最後は通算6アンダーの3位タイに食い込む健闘をみせた。翌週の「マスターズGCレディース」は、最終日のベストスコア67をたたき出して12位タイ。残念ながら2013年シーズンのシード権を失ったが、再起を期待したい。

2006年12月、あいおい損害保険（現あいおいニッセイ同和損害保険）の瀬下《せしも》明会長（当時）のコーディネートで、フロリダのリタイアメントハウスの視察に行った。米国の富裕層のシニアライフは大変興味深かった。あいおい損害保険には私が大和ハウス工業の社長に就任してから、大株主の1社として毎年決算の報告にうかがっていた。とても面白い方で最初から馬が合った。毎回、報告が終わった後も色々な話題で話が弾み、一緒に行った経理部長が2人の話に笑いころげるほどだった。瀬下さんには、2012年、毎日経済人賞（毎日新聞社主催）の授賞パーティーで心温まる祝辞を述べていただいた。

その瀬下さんの計らいで、フロリダまで行くついでにマスターズの開催地であるジョージア州オーガスタへ立ち寄った。

現地に着いたのは夕方。大きな道から木の生い茂った中に入ると牧場が夕焼けで真っ赤に染まっていた。あまりに美しい景色に心を奪われ、長旅の疲れは吹っ飛んだ。クラブ内の宿泊施設「ステファンキャビンオーガスタ」に泊まらせていただいたが、なかなか感激が収まらず眠れぬ夜を過ごした。翌日にオーガスタ・ナショナル・ゴルフクラブでプレーすることができた。

さらに２０１２年には、マスターズトーナメント開催中のオーガスタへ向かった。今回は成田からシカゴ、アトランタで飛行機を乗り継いで直接オーガスタまで飛んだ。かなり長旅だった。あこがれのマスターズの決勝ラウンドを生で観戦し、近くのホテルに宿泊。翌日、プロの激闘の痕跡が残ったままのコースでプレーした。２回目のプレーだが、何度も訪れたくなるほどのすばらしさに圧倒される。プロ仕様の難コースであったにもかかわらず、スコアはなんとか96で回ることができた。

ゴルフというスポーツが、私の人生にどれほど多くの彩りを与えてくれたことか。初めてのゴルフに誘ってくださった取引先の方は技術だけでなく、マナーもしっかりたたき込んでくださった。近ごろ、マナーのなっていない人も多いことを考えれば、いくら感謝しても足りないぐらいだ。

オーガスタ・ナショナル・ゴルフクラブにて
（右から２人目が筆者）

世の中の役に立てる事業を

オーガスタ訪問の目的だったリタイアメントハウスの視察で驚いたのは、高齢者の方々が実に生き生きと暮らしていらしたこと。スポーツタイプの自転車にまたがってサイクリングを楽しんでいる様子は、後ろ姿だと若者と見分けが付かない。高齢の女性からは見事なタップダンスを披露されて舌を巻いた。高齢者向け施設の理想型の一つだった。

この施設で暮らしている皆さんは亡くなった後、残った財産を施設に寄付するケースが多いと聞いた。楽しく過ごせて満足なさっていたのだろう。大和ハウス工業の子会社である寿恵会が、静岡県熱海市で運営している介護サービス付き有料老人ホーム「ネオ・サミット湯河原」も、亡くなられた方からの寄付をいただいたことが何回もある。建屋の改修費用や共有スペースに設置する大型テレビ購入費などに充てて、ご遺志に応えた。

2012年6月に東京電力の介護事業子会社、東電ライフサポート（現大和ハウスライフサポート）を買収した。2000年の設立で有料老人ホーム「もみの樹」を東京都内と横浜市で計3カ所運営している。この運営ノウハウ習得が買収の最大の目的だ。2012年11月には寿恵会が運営する環境・防災・健康に配慮した有料老人ホーム「ネオ・サミット茅ケ崎」も神奈川県茅ケ崎市でオープンした。

1980年代後半から本格的に医療介護施設の建設を手掛けており、2012年9月末までの施工実績は約3400件、累計の売上高は5000億円を超える。大手ゼネコン（総合建設会社）と肩を並べる規模と自負している。サービス付き高齢者向け住宅、有料老人ホーム、病院などの運営や建築を事業領域と見定め、高齢者の在宅から施設まで一貫したメニューを提供する。

日本の高齢化率（65歳以上の人口が総人口に占める比率）は1970年に7％だったのが、2005年に20・2％に達した。35年間で3倍という猛烈な勢いで進行しており、高齢社会どころか超高齢社会へとまっしぐらに向かっている。高齢化は山間部や農村の過疎地域の問題のように思う人が多いかもしれないが、これからは都市部でも深刻な社会問題となるのではないか。

2005年に東京圏の高齢化率は17・5%だったのが2035年には32・2%に上昇し、島根県は27・1%が37・3%になるという調査がある。だが65歳以上の高齢者数の実数で比較すると、東京圏は75・7%増、島根県は2・6%増となる。つまり、東京圏で現在の福祉水準を維持するには老人ホームや介護施設の数を75%増やさねばならない計算だ。島根県の高齢者人口はほぼ横ばいで、施設を増やす必要はほとんどない。

都市部では人口が減らずに高齢者だけが増えるため、行政サービスを維持する財政需要は今と変わらない。一方で、税金の多くを負担する生産年齢人口は減少する。こうした中で介護施設を整備するには、サービスの質を落とさず、建設や運営のコストを引き下げる工夫が欠かせない。極めて難しいチャレンジだが闘志がわく。

超高齢時代の医療・介護サービス需要は都市圏でこそ増大する。東電の子会社を買収したのは、首都圏で事業を展開してきたということも大きな理由だった。石橋オーナーが新しい事業を始める時の判断基準は、「何をやったらもうかるかではなく、何が世の中の役に立てるか、喜んでもらえるか」だった。そして必ず「会社は公器やからな」と付け加えた。福祉領域での事業は、間違いなく世の中の「役に立てる」。「役に立てる」事業を川上から川下まで一気通貫で取り組んでいく。

M&Aは常にWin-Winの関係が基本

草創期の大和ハウス工業は、大手ゼネコンの下請けのような仕事をしたこともある。苦労したのだろう。「いつかゼネコンを使う側に回りたい」と石橋信夫オーナーは言っていた。その思いをバネに、私たちは一丸となって努力した。2013年3月期売上高の公表数値は1兆9700億円だが、それを上回る、住宅メーカー初の売上高2兆円を目指している。売上高でも株価でも大手ゼネコンを上回った。

成長の過程でM&A（合併・買収）案件が数多く持ち込まれた。多角化している分野の案件だけでなく、住宅メーカーを買収する構想もあったが断った。創業者が同じ大和ハウス工業と大和団地の合併でも大変だった。競合企業との合併はもっと難しい。プロ野球のジャイアンツは長嶋選手と王選手がライバルとして競うことでチーム全体が活性化した。好敵手の存在が私たちをより強くしてくれる。競争相手の買収は決して正解ではない。

戸建て住宅分野では業界ナンバーワンの地位をライバルに奪われ、まだ取り返せていない。首都圏が弱いほか、地方でも2番手、３番手以下に甘んじている戸建て住宅市場での首位奪還はオーナーの厳命でもある。我々はチャレンジャーとして、トップを目指さねばならない。

２０12年8月、中堅ゼネコンのフジタ買収を決めた。買収額は約５００億円。フジタは海外事業の売上高が約４００億円あり、ゼネコンの中では鹿島などのスーパーゼネコンに次いで多い。大和ハウスグループは、売上高10兆円という大目標を達成するため海外案件に力を入れている。最近もベトナムの工業団地を手掛けている。２０１３年にはインドネシアでの工業団地の開発にも参画する。

日本からすべてをカバーすることはできない。現地の政治体制や経済環境、人脈などに通じていることが必須条件だ。２０１１年から手を組める相手を探しており、東南アジアで豊富な実績を持つフジタは理想的なパートナーと考えた。候補に挙がったのは２０１２年初め。デューデリジェンス（資産査定）をしっかりと行い、そこから半年で一気に話をまとめ、２０１３年１月、大和ハウスグループの一員となった。経営はスピードだ。

大和ハウス工業が手掛けるＭ＆Ａは、石橋信夫オーナーが定めたやり方に従って進む。オーナーは苦労して企業を発展させた。「札束で横っ面を叩《はた》くようなＭ＆Ａは大嫌いや」という言葉は、今も胸に刻み込まれている。資金力にモノを言わせるような買収はオーナーから固く禁じられている。先方やその取引先も喜んで受け入れ、Ｗｉｎ－Ｗｉｎの関係が構築できる場合にだけ、私たちは動く。

服装からは色々なことが分かる

父から「人は足元を見る」と教わった。靴が汚いとだらしない人間と見なされるという意味だ。父の言葉を忘れず、靴だけはいいものを履いていた。福岡支店長時代にあいさつ回りをしていて、ふと気付いた。相手はぱりっとした洋服を着こなしている。靴以外は負けていた。

数着の背広をローテーションを組んで着るようにし、ネクタイを上等にした。「いいネクタイですね」と言われた。「見られてたのか」と思った。相手は黙って私の服装から会社の格を見定めていたのだ。

服装からは色々なことが分かる。オーナーは「砂利を食う（使い込む）やつがいる。部下のベルトや時計が良くなったら気を付けろ」と言って注意を促すこともあった。

投資家向け広報（ＩＲ）活動で海外出張する機会が増え、服装にもより気を使うようになった。おろしたばかりのあるブランドのネクタイをしていると、同行した証券会社の人とブランドについての話になった。その人が勧めてくれたのが「ドミニックフランス」だ。１９３９年創業で、プリント柄や刺繍ではなく、すべてジャカード織りで複雑な模様を織り込む。オーナーから1本もらったネクタイもドミニック。背広も何着かドミニックで仕立てた。おかげで最近はもっぱらドミニック、それ以外だとブリオーニかエルメスが多くなった。

仕事で疲れた時、美しいネクタイ柄を見ると癒やされる。２００９（平成21）年1月に、雑誌『財界』の経営者賞を頂いた。同賞は１９９３年にオーナーも受賞しており、感慨深

オーナーに頂いたネクタイを締めて経営者賞の授賞式に出席

大阪本社ビルの会長室にて

いものであった。贈呈式にはオーナーから頂いたドミニックのネクタイを締めて出席したが、さすがにこの時ばかりはオーナーが喜んでくれているばかりでなく、もっと頑張れと首を絞めながら叱咤激励されている気がした。

背広の滑らかな手触りは緊張した心を解きほぐしてくれる。最近はイタリアの「ア・テストーニ」の靴を履くことが多い。以前は自分で靴を磨いていたが、最近は妻がピカピカに磨いてくれる。背広、ネクタイ、靴のトータルコーディネートを考えるのは結構楽しい。

阪神タイガースと私

海外出張の楽しみは食事だ。ニューヨークに行くと、有名なステーキハウス「ピーター・ルーガー」に顔を出す。１ポンド（約４５０グラム）のサーロインステーキをたいらげ、デザートに大きなチョコレートパフェを注文する。いつも混んでいるがうまい。向こうの人から見れば小柄な日本人が、肉からデザートまで相当なボリュームをぺろりと食べてしまう。イタリア系のウェイターが目を丸くして見つめていた。病気で胆嚢を手術したために、医師からは「肉は食べられなくなりますよ」と引導を渡されていたが、まったく影響ない。牛肉、豚肉、鶏肉と何でも来いだ。

朝食はバナナ1本に発芽玄米のサプリメントを入れたアロエヨーグルト。昼食は野菜サラダ、サプリメント入りプレーンヨーグルト、コーヒー1杯と和菓子。夜は主として肉料理だ。

この5年間で183回講演した。兵庫県西脇市で話した時に、阪神タイガースOB会会長で野球解説者の川藤幸三《かわとうこうぞう》さんが聴きに来た。私は幼いころからタイガースの大ファンで、川藤さんとは個人的に面識もある。「今さら講演に来なくてもええやろ」と話したが、「今日は開田建設の社長として来ました」と言う。

川藤さんは1967（昭和42）年のドラフト9位で阪神に入団し当初は遊撃手だったが、1974年にアキレス腱を断裂して以来、代打の切り札として活躍、1985年の日本一に貢献した。2005年に奥さんの実家が経営する建設会社を継いだ川藤社長は、石橋オーナーの言葉や経営手法を話すと熱心に聞き入っていた。

ライブハウス「ビルボードライブ」の公式スポンサーになったのは2009年。タイガース元オーナーの宮崎恒彰《つねあき》さんが運営会社の相談役で、口説き落とされた。

甲子園球場でタイガースの試合を観戦するだけでなく、金本知憲《ともあき》元外野手たちと会食する機会もあった。大好きな野球の話が聞ける至福のひとときだ。こうしたご縁もあり、久保田智之投手、福原忍投手、OBの矢野燿大《あきひろ》元捕手たちからは自宅の建築をご用命いただき、感謝している。

毎年、社用車の運転手に新聞代を先に渡しておき、タイガースが勝った翌朝はコンビニかどこかでデイリースポーツを買ってから家まで迎えに来てもらう。東京に出張している時も、タイガースが勝った次の日は先にスポーツ新聞を買ってから迎えに来るよう運転手に頼んでいる。1面に大きな活字でタイガースの勝利を伝えるスポーツ新聞を手にすると、パッと車内が明るくなったような気がするから不思議だ。

シーズンインする前は、監督や1軍登録する選手の名前を挙げながら私が理想とする布陣を組んでみる。2軍の若い選手も大胆に起用する。楽天の星野仙一監督がまだタイガースを率いていた時に、「1軍と2軍の投手で30人は名前を書ける」と言ったら「うわー」

阪神タイガースの金本知憲元外野手（右）と

と驚かれたこともある。なんとも楽しく、ワクワクするひとときだ。

２０１２年2月、大阪市内のホテルでタイガースの坂井信也オーナーを励ます会が発足した。チームが頑張れるようにと経済界、学界、マスコミと様々な分野の猛虎党が集まった。言い出しっぺは私。だが、大和ハウス工業のお客様の中にはほかの球団を支持している方も多い。会長は日立造船の古川実会長兼社長にお願いした。同じ大阪商工会議所の副会頭として活動している古川さんは、快く引き受けてくださった。ただ、「実質は樋口さんがつくった会でして……」とあいさつされたので、すぐにばれてしまった。

甲子園球場で開催する「阪神×巨人ＯＢ戦」のスポンサーも引き受けた。両軍の一時代を築いた名選手が一堂に会する機会などめったにない。「江夏対王」「江川対掛布」という往年の名勝負だけでなく、亀山努元選手のヘッドスライディングや、金本知憲元外野手の豪快なホームランも飛び出した。球場はもちろん、テレビで観戦してくれた人も楽しんでもらえたはずだ。

２０１３年春からタイガースの沖縄春季1軍キャンプ宿舎が、子会社の大和リゾートが経営する「沖縄残波岬《ざんぱみさき》ロイヤルホテル」に替わる。ホテルの敷地内に屋内多目的スポーツ

沖縄残波岬ロイヤルホテル

施設も建設した。関係者だけで５００人近くに泊まっていただける見込みだ。そこに大勢のファンも加わるだろうからありがたいことだ。集客効果は抜群と大いに期待している。キャンプインに合わせて球団のオーナーや社長、監督を会食にお招きしたい。その席で来期の構想などを聞かせていただくのを楽しみにしている。

大和ハウスグループがリゾートホテルを手掛けたのは１９７８年の能登ロイヤルホテルが最初だ。能登での事業を開始する時、石橋オーナーの第一声は「生まれてくるのが遅かった」だった。思い切って広い土地を買っておき、鉄道を敷いてから沿線の土地を売るという阪急電鉄創始者、小林一三《いちぞう》翁の複合経営が適用できる時代ではなかったからだ。

そこでオーナーは、風光明媚だが交通のやや不便な土地を広く、しかも安く買収した。単なる宿泊施設ではなく、様々な機能を持たせて地域の雇用に貢献し、その周辺には別荘を建てて売るのである。原資は会員権を売って充てた。ホテル滞在者と別荘の居住者が楽しめるように、気取ったレストランだけでなく、居酒屋やお好み焼き屋、カラオケ店などを施設内に取り込んで盛り場の機能を持たせた。

大和ハウス工業に土地利用を託してくださっている土地オーナーの方々をご招待する場

としても活用している。

偉い人でなく、立派な人を目指せ

２０１３年４月で75歳になる。大和ハウス工業に途中入社して49年余。会社を興して創業社長になり、上場させる夢こそかなわなかったが、形を変えて上場企業のトップになるという夢が実現した。

平凡な人間が非凡なことをなす唯一絶対の方法が、前にも書いた「凡事徹底」だ。４年前、これを大書したポスターを全国の支店・工場・グループ全社へ配付した。そのポスターに向かって「おはようございます」と毎朝あいさつするロイヤルホテルの従業員がいると聞いた。ポスターを見直して驚いた。イスに座り、足を組んだ私が写っていた。まっすぐ立った写真に差し替え、刷り直した。「偉い人ではなく、立派な人を目指せ」と訓示してきたのに気配りが不足していた。

モーレツ企業の話を中心につづってきたが、会社には優しい先輩がたくさんいた。本社購買部時代に、私が結婚式を挙げていないと知った安藤貞一専務（当時）は大阪・心斎橋の写真館を予約し、記念写真の撮影費用も出してくださった。「仏の安藤」と呼ばれ、みなから慕われていた。本当に後光が差して見えた。

２００６年、大阪シンフォニカー協会（現一般社団法人大阪交響楽団）の理事長に就任した。前任の井植敏《さとし》三洋電機元会長から頼まれた。三洋創業者の井植歳男さんには石橋信夫オーナーがお世話になったご縁もあり、快くお受けした。本社2階で大阪交響楽団によるロビーコンサートを企画した。本社ではこれまでに6回催しており、２００６年の初回では行進曲を演奏する時に私が指揮台に上がってタクトを振った。石橋オーナーの経営と考え方について講演する機会も多く、舞台度胸はついたと思っていたが、マイクをタクトに持ち替えただけであれほど緊張するとは思わなかった。

美術展やコンサートの後援・協賛も増えた。記者に協賛金額を聞かれて、「文化芸術はお金だけで測るものではない」と答えた。

ウィーン・フィルハーモニー管弦楽団の来日公演を特別協賛した縁で、オーストリアを訪問する機会を得て、ウィーン国立歌劇場の舞台裏や特別な場所を案内してもらった。ベートーベンが使っていた補聴器を見せてもらった。モーツァルトが6歳の時に書いた楽譜は、地下の鉄格子にカギがかかった場所で保管されていた。向こうの人がそばで立ち会うことを条件に、モーツァルトの筆跡も見ることができた。モーレツ企業にも文化的風土が根付いてきた。

私は仕事一筋で、3人の子供の子育ては妻の征子に任せっきりだった。妻は私の口に合う料理を毎日出してくれた。カレーは大好きだが家のカレーがやはり一番うまい。少し甘口で私の大好きな肉もたっぷり入っている。妻は大きな病気もせず、ずっと私を支えてくれた。2013年は金婚式。どうやって感謝の気持ちを伝えようかと思案中だ。

長女の由美はすでに結婚し、2人の息子をもうけた。2013年4月に高校1年生になる賢一と中学2年生になる和久だ。会社で「鬼」と呼ばれた私も、孫2人の前では大甘のおじいちゃん。おねだりされると何でも買い与えてしまう。

長男の栄治は企業人として仕事に励み、充実した日々を送っている。次女の文代が生まれた時、私は「チッ」と舌打ちし、看護師さんにたしなめられた。もう一人息子が欲しかったのだ。ところが今、その次女と同居している。海外出張の時は、荷物まで詰めてくれる。１、２カ月に1度は妻と娘２人を連れて買い物に出かける。ドライバーの私は喫茶店をはしごしてひたすら待つ。

毎年、正月は家族旅行に行く。２０１２年は11人の大旅行。九州新幹線で鹿児島を目指した。今和泉島津家別邸跡、指宿《いぶすき》の砂蒸し風呂などを回った。楽しかった。仕事人間の私に、こんな幸せが用意されているとは夢にも思わなかった。２０１３年も同じメンバーで沖縄に旅行し、心安まるひとときを過ごすことができた。

小学校の同窓会で話していると、忘れていることがたくさんある。友人は、「樋口はまだ現役。先のことを考えてるから昔を振り返る余裕がないんや」と笑う。オーナーは、「創業１００周年で売上高10兆円の企業グループをつくってくれ。わしの夢や」と言っていた。その夢に向かって道筋だけは付けておきたい。人材育成にもっと力を注ぎたい。今しばらく、我がモーレツ人生は続く。目指すは「生き残る企業」ではなく、「勝ち進む企業」である。

2012年正月、家族そろっての鹿児島旅行

沖縄旅行で妻との2ショット

おわりに

私には3人のオヤジがいる。実父の樋口富太郎と、福岡支店長時代に目をかけてくださった資産家の小田弥之亮先生、そして大和ハウス工業創業者の石橋信夫オーナーだ。今回、日本経済新聞に「私の履歴書」を執筆するに際して来し方を振り返ると、いかに多くのものを授かったかを改めて実感した。心底尊敬できるオヤジが3人もいたからこそ、今日の私がある。

私が迷った時、いつも父は進むべき道を指し示してくれた。小田先生はまだ若い私に大きな仕事を任せ、最後には「全資産を預けるから起業しなさい」とまで言ってくださった。お気持ちに応えることはできなかったが、先生から過分な評価を頂戴したことは、その後の人生を支える大きな自信となった。

我が師、石橋オーナーについては、いくら紙幅を割いても書き尽くすことはできない。生前に「社葬はするな」という指示を受けており、亡くなられた時は密葬で済ませた。とはいえ、取引先との関係もあれば、大切にしていた戦友の方たちとの付き合いもある。「まったく何もしないわけにはいきません」と食い下がって、1周忌でお別れの会をすることだけは事前に許可を得ておいた。

2004（平成16）年2月2日に奈良県の橿原《かしはら》ロイヤルホテル、翌2月3日に東京支社で開いた「故　石橋信夫儀　偲ぶ会」には計3200人の参会者があった。恥ずかしい業績でお迎えすることはできない。創業者という大きな柱を失った後の1年だったが、みな必死で働いた。それを見越して、オーナーはお別れの会を許したのだ。囲碁・将棋の名人が何十手も先を読んで一手を指すのと同じように、オーナーは先の先を見通して指示を出す。最後の最後まで試練の連続。厳しい師匠であった。それでも私たちが慕い続けるのは、根底にオーナーの深い愛情があったからだ。

先日、21年間の選手生活を終えた阪神タイガースの金本知憲元外野手と食事をご一緒した。1492試合フルイニング出場、1002打席連続無併殺打、4番先発出場880試合の3項目で歴代1位、1766試合連続出場で歴代2位の記録に輝く鉄人が開口一番で言ったのは、「もっと練習しておけばよかった」だった。

あの屈強な金本さんをして「もっと練習をしておけばよかった」と言わしめたのが、広島カープの故・三村敏之監督（当時）だ。三村さんは2軍で2年、1軍で5年、しごきにしごいた。金本さんは何度も「コンチクショウ」と思ったらしい。それでも「長い選手生活を支えてくれたのは三村さんとの7年間」と感謝を忘れない。私自身、これまでの人生を振り返って「無駄な努力はない」「努力はうそをつかない」と実感しているが、超一流アスリートの金本さんの言葉を聞いて、その想いをより一層強くした。

三村さんは2009年11月に亡くなった。告別式で弔辞を読んだ金本さんは、監督を辞めた後で三村さんから「おまえ、ようついてきたな。俺も色々悪かったな。だけど、おまえはこのやり方が一番伸びると思った」と言葉をかけられたことを紹介し、号泣した。師弟の間に流れる愛情とはこういうものだ。口にこそ出さなかったが、石橋オーナーは同じ気持ちを背中で放っていた。

山口支店長や福岡支店長のころは、若気の至りで力任せの乱暴なやり方を選んだこともある。憎くてやったことは一度もない。オーナーのように、上手に試練を与えることができなかったのだ。幸いにも部下のみんなは理解してくれた。退職した後も私のところに顔を出してくれ、ゴルフの案内状も届く。売上高2兆円達成が見えてきたのは、すばらしい先輩、同僚、仲間、社員に恵まれた結果である。創業100周年での売上高10兆円は遠いゴール。まず60周年を迎える2015年度に2兆5000億円を目指したい。

「私の履歴書」連載中はたくさんのお手紙を頂戴した。多かったのが、難病で亡くなった弟のことについてだ。まだ壮年の弟をみとらねばならなかった苦しみをつづったところ、同様の経験をした日本中の方から励ましのお言葉をいただき、どれほど救われたことか。私を長年の腰痛から解放してくださった、東洋医学の名医についての問い合わせも殺到した。何度も繰り返す腰痛の悩みは患った者にしか分からない。残念ながら先生はご多忙で新しい患者さんを受け入れることができない状況にあり、紹介することはかなわなかった。どうかお許しいただきたい。

父、富太郎と、母、カホルは私に健康な体を与え、立派に育ててくれた。祖母のシモは人の道と生き方を厳しく、そして深い愛情を持ってたたき込んでくれた。鉄鋼商社から大和ハウス工業に転職する時、一言の文句も言わずについてきた妻の征子は常に最大の理解者だ。いつも私を支えてくれ、家庭を守り、子供たちを立派に育ててくれた。いくら感謝しても足りない。

年に1度、同窓会で杭瀬小学校の同級生と顔を合わせると、仕事人間が一瞬でわんぱく小僧に戻る。楽しくて仕方ない。我が人生は何と多くの人に支えられ、導かれてきたことだろう。私は幸せ者だ。改めて、すべての方々に心からの感謝の気持ちをささげたい。

本書は2012年3月、日本経済新聞に「私の履歴書」として掲載した原稿を加筆して単行本にまとめたものである。新聞連載時にお世話になった日本経済新聞社大阪本社経済部の方々、書籍の出版に尽力してくださった日本経済新聞出版社の方々、そして写真探しや原稿と資料の照合作業を手伝っていただいた大和ハウス工業スタッフの皆さんに厚くお礼を申し上げる。

2013年2月

樋口武男

「凡事徹底」の書の前にて
（書・石飛博光、撮影・武島亨）

樋口武男　経営の心得

■六つの判断基準

――以下の六つの判断基準に照らし、いずれにも適っているとみたら果敢に行動すべき

一、お客さまにとって良いことか

二、会社にとって良いことか

三、社員にとって良いことか

四、株主にとって良いことか

五、社会にとって良いことか

六、将来にわたって良いことか

■「リーダーの品性」四カ条
——優れたリーダーシップを発揮するために必要なもの

公平公正
無私
ロマン
使命感

■長たる者の「四つの力」
——自己研鑽して磨かなければならないもの

先見力
統率力
判断力
人間力

■「人間力」を磨く五訓

一、自己益を忘れ、会社益を想え
二、嫌な事実、悪い情報を包み隠さず報告せよ
三、勇気をもって、意見具申せよ
四、自分の仕事に非ずというなかれ
　　自分の仕事であるといって争え
五、決定が下ったら従い、命令はただちに実行せよ

■成功する人の十二カ条・失敗する人の十二カ条

成功する人

一、人間的成長を求め続ける

二、自信と誇りを持つ

三、常に明確な目標を指向

四、他人の幸福に役立ちたい

五、良い自己訓練を習慣化

六、失敗も成功につなげる

失敗する人

現状に甘え逃げる

愚痴っぽく言い訳ばかり

目標が漠然としている

自分が傷つくことは回避

気まぐれで場当たり的

失敗を恐れて何もしない

七、今ここに一〇〇パーセント全力投球　どんどん先延ばしにする
八、自己投資を続ける　途中で投げ出す
九、何事も信じ行動する　不信感で行動できず
十、時間を有効に活用　時間を主体的に創らない
十一、できる方法を考える　できない理由が先に出る
十二、可能性に挑戦し続ける　不可能だ無理だと考える

樋口武男　略年譜

西暦	年齢	主な出来事（○は筆者、・は会社に関する出来事）	社会の出来事
1938（昭和13）	0歳	○兵庫県尼崎市に生まれる	国家総動員法公布 国家総動員法施行
1945	7歳	○尼崎市杭瀬国民学校（現尼崎市立杭瀬小学校）入学	ヤルタ会談（ソ連）開催 ポツダム宣言受諾、太平洋戦争終結
1951	13歳	○尼崎市立小田南中学校入学 ○祖母シモ死去（72歳）	第1回NHK紅白歌合戦ラジオ放送
1954	16歳	○兵庫県立尼崎高等学校入学	防衛庁設置法、自衛隊法公布
1955	17歳	・大和ハウス工業創業 ・創業商品「パイプハウス」発売	日本がGATT（関税および貿易に関する一般協定）に正式加盟
1957	19歳	○関西学院大学法学部入学 ・日本軽量鉄骨建築協会の構造認定書を取得、日本の本格的鋼管構造建築の道を拓く	東京都の人口が851万人を超え、世界一となる 日本の南極越冬隊が南極大陸初上陸

1959	21歳	・プレハブ住宅の原点「ミゼットハウス」発売 ・大和工商（現大和リース）、大和梱包（現大和物流）設立	皇太子明仁親王（現今上天皇）ご成婚 伊勢湾台風
1960	22歳	・東京支店建築営業部商社課にて、海外進出本格スタート	カラーテレビの本放送開始 池田勇人首相、「所得倍増計画」を発表
1961	23歳	○関西学院大学法学部卒業 ○大源入社 ・我が国初の本格的民間デベロッパー「大和団地（2001年4月大和ハウス工業と合併）」を設立 ・大阪・名古屋・東京各証券取引所第一部市場に株式上場	ソ連のガガーリン少佐、人類初の有人宇宙飛行
1962	24歳	・パネル式プレハブ住宅「ダイワハウスA型」発売 ・大和団地の第一号団地「羽曳野ネオポリス」を開発、住宅ローンの先駆けとなる「住宅サービスプラン」付きで発売	キューバ危機

1963	25歳	○征子と結婚 ○大源退社 ○大和ハウス工業入社 本社資材課配属 ・「大阪駅前交通安全陸橋」を川崎製鉄（現JFEスチール）と共同で大阪市へ寄贈	ケネディ大統領暗殺
1965	27歳	○本社購買部購買課 ・日本初のプレハブ住宅専門工場（奈良工場）を開設	政府が中期経済計画を決定
1967	29歳	○社長賞受賞	EC（欧州共同体）発足 ASEAN（東南アジア諸国連合）発足
1970	32歳	○本社資材部課長	日本万国博覧会（大阪万博）開催 日本航空機よど号ハイジャック事件
1971	33歳	○本社住宅事業部営業部次長 ・売上高1000億円突破（単体）	環境庁発足 日本円変動相場制に移行
1973	35歳	・本格的リゾート事業分野へ進出。鹿部休暇村（北海道）を開発	第一次オイルショック

		・業界初の実物大家屋の全天候型試験施設を持つ、奈良中央試験所を開設	
1974	36歳	○山口支店長	ウォーターゲート事件でニクソン大統領辞任
1975	37歳	・「鹿部カントリー倶楽部」オープン	ベトナム戦争終結
1976	38歳	○福岡支店長 ・流通店舗事業を本格展開	ロッキード事件で田中角栄前首相が逮捕
1977	39歳	・マンション事業へ進出	王貞治選手がホームラン世界新記録を樹立
1978	40歳	・能登ロイヤルホテル（ダイワロイヤルホテルズ一号店）オープン	新東京国際空港（現成田国際空港）開港
1980	42歳	・ホームセンター事業展開、第一号奈良店オープン	イラン・イラク戦争勃発
1981	43歳	○東京支社建築事業部長	中国残留孤児が初来日
1982	44歳	・集合住宅事業を本格展開	５００円硬貨発行
1983	45歳	・我が国初の中国向け本格的住宅を輸出・建設 ・転宅便（現ダイワサービス）を設立	東京ディズニーランド開園 大韓航空機撃墜事件

1984	46歳	○東京支社特建事業部長。6月に取締役	グリコ・森永事件 ロサンゼルスオリンピック開催
1986	48歳	○取締役特建事業部長	男女雇用機会均等法施行 チェルノブイリ原子力発電所爆発事故
1989（平成元）	51歳	○常務取締役 ・売上高５０００億円突破（単体） ・シルバーエイジ研究所を設立	昭和天皇崩御、「平成」に改元 消費税導入（税率３％） ベルリンの壁崩壊
1990	52歳	・工業化住宅等品質向上貢献企業として通産大臣表彰	大阪市で国際花と緑の博覧会（花の万博）開催 東西ドイツ統一
1991	53歳	○専務取締役 ・創業者石橋信夫会長、日本経済新聞「私の履歴書」に連載	湾岸戦争勃発 ソビエト連邦崩壊
1993	55歳	○弟進死去（49歳） ○大和団地常任顧問（4月）、同社代表取締役社長（6月）	サッカーJリーグ開幕 皇太子徳仁親王ご成婚

1994	56歳	・「大和ハウス工業総合技術研究所」開設	オウム真理教による松本サリン事件 関西国際空港開港
1995	57歳	・大和団地黒字化 ・阪神・淡路大震災からの復旧・復興に向け、応急仮設住宅1万4700戸を供給 ・業界初、国際品質保証規格ISO9001認証取得（東北地区）	阪神・淡路大震災 地下鉄サリン事件 第3回APEC首脳会議が大阪で開催（日本初開催）
1996	58歳	・売上高1兆円突破（単体） ・ISO9002認証取得（本社生産購買本部、本社購買部、工場）	小選挙区比例代表並立制が採用された初の選挙、第41回衆議院議員選挙実施
1999	61歳	・大和ハウス工業大阪ビルおよび東京ビル竣工	欧州連合加盟11カ国で単一通貨ユーロ導入
2000	62歳	○大和ハウス工業非常勤取締役（兼任） ・大和団地復配 ・増改築事業部を設立、リフォーム事業本格展開	新紙幣2000円札発行 第26回主要国首脳会議（九州・沖縄サミット）開催
2001	63歳	・大和ハウス工業と大和団地が合併 ○大和ハウス工業代表取締役社長 ○母カホル死去（83歳）	大阪市にユニバーサル・スタジオ・ジャパン開園 アメリカ同時多発テロ事件

2002	64歳	・取締役任期を2年から1年に短縮 ・「社長への提案BOX」の設置、本社・本部部門スリム化と組織の簡素化、地域密着営業の強化（住宅事業、全国を9つの地区に分割） ○住宅生産振興財団理事長 ・事業部制を廃止。「支店長による経営体制」に移行	FIFAワールドカップ日韓共同開催
2003	65歳	・創業者石橋信夫相談役逝去（81歳） ・有利子負債ゼロ、2100億円の特損処理 ・全13工場で「ゼロエミッション」達成 ・「社内起業制度」導入	イラク戦争勃発 中国で新型肺炎（SARS）大流行 阪神タイガース、セ・リーグ優勝
2004	66歳	○代表取締役会長兼CEO ○プレハブ建築協会会長 ・「大和ハウスグループ企業倫理綱領」「大和ハウスグループ行動指針」を制定 ・大阪マルビルを子会社化 ・ホームセンター事業を分社化	新潟県中越地震発生 国内で鳥インフルエンザ流行

2005	67歳	○大阪商工会議所副会頭 ○国土交通大臣表彰 ・創業50周年を機に新たな経営ビジョン、社員憲章を制定。新グループシンボル「エンドレスハート」導入 ・次世代育成一時金制度（出産時一時金１００万円）導入 ・支店長公募制度、職種選択（ＦＡ）制度新設 ・自宅で健康チェックができる「インテリジェンストイレ」をＴＯＴＯと共同開発、発売 ・第1次中期経営計画策定 ・日本体育施設運営（現スポーツクラブＮＡＳ）を子会社化	愛知県で日本国際博覧会（愛・地球博）開催
2006	68歳	○大阪シンフォニカー協会理事長 ○日本ロジスティクスシステム協会関西支部運営委員長 ・売上高1兆５０００億円突破（連結） ・中国大連で分譲マンションを着工 ・グループ上場3社（大和工商リース〈現大和リース〉、ダイワラクダ工業、大和物流）を経営統合	第1回ワールド・ベースボール・クラシック開催、日本優勝

2007	69歳	・大和ハウス・レジデンシャル投資法人上場 ・25年ぶりに新工法を採用した戸建て住宅商品「ｘｅｖｏ」発売 ・エリーパワーへ出資 ○コニカミノルタホールディングス社外取締役 ○ＪＲ西日本変革推進会議委員 ○『熱湯経営「大組織病」に勝つ』上梓 ・石橋信夫記念館開館 ・女性が働きやすい職場づくりに向け、Ｗａｖｅはあと推進室新設 ・エネサーブを子会社化 ・サイバーダインへ出資 ・リゾートホテル事業を分社化	新潟県中越沖地震発生
2008	70歳	・ロボット事業推進室新設 ・第２次中期経営計画策定 ・大和ハウス塾開講 ・小田急建設（現大和小田急建設）と資本業務提携	第34回主要国首脳会議（北海道洞爺湖サミット）開催 リーマン・ブラザーズ破綻を引き金とした世界同時不況

2009	71歳	・モリモト・アセットマネジメント（現大和ハウス・アセットマネジメント）を子会社化 ○住宅生産団体連合会会長 ○日中建築住宅産業協議会会長 ○日本建築住宅センター社外取締役 ○雑誌『財界』経営者賞 ○経済広報センター企業広報賞の企業広報経営者賞 ・環境エネルギー事業部新設 ・医療・介護支援室、ロボット事業推進室を統括する、ヒューマン・ケア事業推進部新設 ・コスモスライフ（現大和ライフネクスト）を子会社化	アメリカ大統領選挙、バラク・オバマ氏が当選し、アメリカ史上初の黒人大統領誕生
2010	72歳	○低炭素社会における住まいと住まい方推進会議委員 ○『先の先を読め　複眼経営者「石橋信夫」という生き方』上梓	小惑星探査機「はやぶさ」、地球に帰還

2011	73歳	○高齢者住宅推進機構代表理事 ○雑誌『経済界』経済界大賞の優秀経営者賞 ・東日本大震災からの復旧・復興に向け、応急仮設住宅1万1000戸超を供給 ・ブロック制導入 ・家庭用リチウムイオン蓄電池を搭載したスマートハウス「スマ・エコ　オリジナル」発売 ・第3次中期経営計画策定	東日本大震災発生 FIFA女子ワールドカップ・ドイツ大会開催、なでしこジャパンが初優勝 国連の推計で世界人口が70億人突破
2012	74歳	○毎日新聞社毎日経済人賞 ○日本経済新聞「私の履歴書」連載 ・東電ライフサポート（現大和ハウスライフサポート）を子会社化 ・メガソーラー事業開始 ・大和ハウスリート投資法人上場	ロンドンオリンピック開催
2013	75歳	・フジタを子会社化	復興特別所得税導入

本書は、日本経済新聞「私の履歴書」（2012年3月1日～3月31日まで連載）をもとに加筆・編集し、単行本化したものです。

著者紹介

樋口武男（ひぐち　たけお）

大和ハウス工業代表取締役会長兼 CEO

1938 年兵庫県生まれ。1961 年関西学院大学法学部卒業。1963 年 8 月大和ハウス工業入社。取締役、常務取締役、専務取締役を歴任。1993 年、債務超過寸前に陥った赤字のグループ会社、大和団地の代表取締役社長に就任。大胆な事業改革と人事戦略などで手腕を発揮し、1995 年に同社を黒字転換させる。

2001 年 4 月、大和ハウス工業と大和団地が合併し、大和ハウス工業代表取締役社長に就任。支店制や新たな人事制度を導入するなどの改革を矢継ぎ早に断行し、2003 年 3 月期には 2100 億円の特別損失を一括処理。創業以来初の赤字に転落するも、その後 V 字回復を遂げる。

2004 年 4 月、代表取締役会長兼 CEO に就任後は、海外展開を加速させるとともに、福祉、環境、健康などへも事業領域を広げ、住宅業界初の売上高 2 兆円を目指す。主著に『熱湯経営』『先の先を読め』（ともに文春新書）がある。

凡事を極める　私の履歴書

2013 年 3 月 1 日　1 版 1 刷

2017 年 10 月 10 日　　11 刷

著　者　樋口武男

発行者　金子　豊

発行所　日本経済新聞出版社

http://www.nikkeibook.com/

東京都千代田区大手町 1-3-7　〒 100-8066

電話 03-3270-0251（代）

印刷・製本　竹田印刷

Printed in Japan　ISBN978-4-532-31866-6

日本経済新聞出版社の好評既刊書

月給取りになったらアカン　私の履歴書
瀬戸雄三

成熟市場に突破口を開け、組織に活力を吹き込む！シェア9％のどん底まで落ちたアサヒビールを45年ぶりに業界No.1に押し上げた〝復活の立役者〟が語る、ネバーギブアップの仕事哲学。

●1700円

熱意力闘　私の履歴書
潮田健次郎

建具販売から身を起こし、日本最大のサッシメーカー・トステムを築き上げた創業者・潮田健次郎氏の一代記。マネジメント、起業家精神など経営の極意が詰まった1冊。

●1700円

挑戦　我がロマン　私の履歴書
鈴木敏文

セブン‐イレブンの創業、共同配送やPOSによる単品管理、イトーヨーカ堂の業革――流通業界の常識や慣例を打破し続け、新興スーパーを日本一の巨大流通グループに育て上げた稀代の経営者が、その改革のドラマを語る。

●1600円

日経ビジネス人文庫　人の力を信じて世界へ　私の履歴書
井上礼之

ダイキン工業を1兆円企業に育て上げた井上礼之会長の自伝。「人を基軸とした経営」をグローバルに進め、世界一の空調メーカー目指して布石を打つ経営者が独自の哲学を語る。単行本に大幅加筆して文庫化。

●800円

仕事をつくる　私の履歴書
安藤忠雄

生きるために仕事をするのではない。仕事をつくることが生きることである――自分で計画を立て、自分の行動に責任をもつ。独学で世界の頂点を極めた建築家の半生記は、震災からの復興に向かう日本人を叱咤激励する。

●1905円

●価格はすべて税別です